피렌체를 맛보다

FIRENZE, PASSEGGIATE TRA CIBO E LAICA CIVILTÀ

Text by Fabio Picchi

Artistic and historical contributions by Stella Rudolph
Photographs by James O'Mara

Photograph credits
Archivi Alinari, Florence: © Villani, Studio p. 53, © Raffaello Bencini p. 100,
© Private collection - formerly Collezione Malandrini p. 102,
© David Lees / The LIFE Picture Collection/Getty Images p. 103,
© Lorenzo Pacini (courtesy) p. 67.

일러두기

1. 각주는 옮긴이 주다.
2. 인명, 지명 등 외래어는 국립국어원의 외래어 표기법을 따랐다.
3. 피렌체 여행자를 위해 지명, 상점명, 음식명에는 원어를 함께 표기했다.

피렌체를 맛보다

스타 셰프의 피렌체 감성 가이드

파비오 피키 지음
김현주 옮김

SYMPOSIA

피렌체를 맛보다

초판 1쇄 인쇄 2016년 8월 10일
초판 1쇄 발행 2016년 8월 16일

지은이 파비오 피키
옮긴이 김현주
펴낸이 서덕일
펴낸곳 심포지아

책임편집 김소현
디자인 김현숙, 조미경

출판등록 2014.12.24 (제2014-73호)
주소 경기도 파주시 회동길 366 (10881)
전화 (02)499-1281~2 팩스 (02)499-1283
전자우편 info@bookmoon.co.kr

값 14,500원
ISBN 979-11-954456-0-8 (03920)

모든 피오렌티노의
영혼과 마음에 바칩니다

CIBRÈO
FIRENZE

사랑하는 친구들...

이 책에서 나는 여러분에게 여러 가지를 고백할 거예요. 사랑, 인간관계, 추억, 식도락, 그리고 개인적인 열정까지 써내려 갈 겁니다. 전 이제까지 걸어 온 길을 앞으로도 계속 이어갈 생각이에요. 하지만 그 전에 제 개인적인 진실에 대해 이야기해야 할 것 같군요. 남의 개인적인 일에 귀를 기울이는 것은 시간낭비가 될 수도 있어요. 그러니 제가 털어놓는 진심들을 굳이 기억하려 애쓰지 않아도 돼요.

저는 손에 안내 책자 한 권을 들고 걸어 다니며 낯선 도시나 외국을 처음으로 접하는 사람들을 보면 그냥 지나친 적이 없어요. 항상 무엇인가 도움이 될 만한 정보를 주려 애쓰죠. 이런 저를 두고 여러분은 제가 현실을 따라가지 않으려는 부류에 속한다고 말할 수도 있을 거예요. 뭐, 정말 그런 것 같기도 해요. 하지만 저도 예전에 수많은 사람들과 함께 이 도시의 거리 곳곳을 누비며 세상을 바꿔 보자는 야망이 담긴 캠페인을 벌일 때는 이렇지 않았어요. '권력에 대한 상상'을 부르짖으며 이상적인 권력의 행사를 꿈꾸던 시절에는 현실을 제대로 이해하고 시대를 따라가야 한다는 생각에 사로잡혀 있었죠. 물론 지금도 그렇기는 합니다.

하지만 요즘 반짝이는 작은 화면에 홀딱 빠져 우리를 둘러싸고 있는 소중한 일상을 잃어가는 젊은 영혼들을 볼 때는 답답하기 그지없어요. 디지털 기계에 빠져 감성이 거의 사라지다시피한 그들을 밖으로 끌어내 단 1분이라도 사람들과 놀거나 농담을 하거나 혹은 한두 마디 대화를 하거나 최소한 악수라도 나누게 하고 싶다는 생각을 억누를 수가 없어요.

저는 예전이나 지금이나 개인과 단체에 이익이 되려면 사물을 직접 관찰하는 습관을 들여야 한다고 생각합니다. 우리를 둘러싸고 있는 것들은 한 편의 멋진 영화와 같아요. 이 영화는 우리에게 탄생을 선물한 아주 특별한 극장에서 상영되죠. 직접적인 관찰은 그 영화의 한 컷, 한 컷을 아무 의심 없이 보는 것과 같아요. 영원하지만 유일한 현재라는 시간 속에서는 모든 것이 추억과 경험의 밑바탕이 될 수 있어요. 그리고 그것들이 값을 따질 수 없는 총체적인 지식으로 변모하죠.

그래요, 여러분이 상상하는 것처럼 저는 여행을 시작하기 전에 각종 지도를 펼쳐 놓고 먼지 쌓인 책장이 아닌 전자기기 화면을 두드려 다른 사람들의 여행기를 보면서 방문할 지역에서 일상적인 '토요일'에 맛봐야 할 것들과 마주쳐야 할 것들에 대한 정보를 찾아 헤매는 여행자랍니다.

제 아버지는 피렌체에서 태어나 평생을 이곳에서 사셨어요. 동시에 전 세계 바다를 누비는 바다 사나이이기도 했죠. 그런 아버지를 보면서 자라서인지 저는 여행을 시작하기 한참 전부터 어떤 투쟁 아닌 투쟁을 해야 할지 살펴보는 습관이 있어요. 가능한 모든 정보를 알아내고 항상 다른 사람들의 경험을 이용하려고 하죠. 하지만 엔초 율리오, 제 아버지는 제게 다양한 곳으로 이어지는 문을 통과하는 방법을 가르쳐 주셨고 의혹의 매듭을

푸는 방법도 가르쳐 주셨죠. 그리고 삶의 모든 것을 흐름에 맡기는 일이 얼마나 아름다운지도 귀띔해 주셨어요. 단 정기精氣의 떨림과 바람이나 햇빛을 비롯한 모든 생명의 향기를 느낄 수 있게 해주는, 그런 방향타 몇 가지는 손에 쥐고 있어야겠죠. 마음의 위안이 될 만큼 확실한 걸로요. 그 방향타는 어떤 것들일까요? 그래요, 한 권의 책이 아니면 사람의 마음을 살랑거리게 만들기 힘들죠.

이 책을 샀다면, 항상 침대 옆 탁자나 책상, 책꽂이 등 눈에 띄는 곳에 있게 하세요. 단 책에 적힌 내용이 무슨 종교라도 되는 것처럼 따라 하려고 옆구리에 끼고 다니지는 마세요. 그러면 여러분의 여행을 망칠 테고 제가 이제부터 여러분에게 하려는 이야기의 의미도 사라질 거예요. 그러니 여러분의 '권력에 대한 상상력'을 떨쳐 내셔야 해요. 지나치게 학구적이면 오히려 더 불안해진답니다. 그런 표면적인 것들에서 벗어나세요. 그런 다음 제 이야기를 들으면 여러분은 피렌체와 영원히 함께할 수 있을 거예요. 저는 그렇게 믿습니다.

차례

02 피오렌티노가 되고 싶은 열 가지 이유

03 영혼의 음식

피렌체 전통 레시피

피렌체 감성 가이드

조상 대대로 살아 온 도시에서 태어나 사는 것이 제게는 평생의 복이라고 생각해요. 하루든 천 일이든 이 로맨틱하고 멋진 곳에 와보면 누구나 그렇게 느낄 거예요. 피렌체는 어머니처럼, 때로는 사랑에 빠진 연인 같은 느낌으로 여러분을 맞이한답니다. 그리고 언제든 어떤 문제라도 주저 없이 위로해 줄 수 있는 세심한 누이가 되어주기도 하지요. 한 가지 더 기억해 둘 점이 있어요. 피렌체는 여러분이 정말 감추고 싶은 비밀까지 품어줄 수 있는 은밀하고 믿음직한 친구가 될 수도 있답니다. 피렌체는 언제든 여성의 샤머니즘적 환상을 보여줄 거예요. 피렌체는 이 세상 여자들을 위한 여자로, 또 남자들의 손을 잡아 이끌어 아름다움을 받아들이게 하는 여자로서 그 자리를 지킬 겁니다.

저는 이 책에 피렌체는 언제나 사람을 끄는 강한 매력을 발산하고 인간의 영혼을 한 층 더 끌어 올려 행운의 길을 보여줄 수 있는 곳이라고 썼어요. 제 말을 믿으세요. 이탈리아는 어디를 가든 기독교 색채가 매우 강합니다. 하지만 피렌체는 종교보다는 자연에서 영감을 받은 천재들이 많았던 터라 다른 지역에 비해 종교색이 그다지 드러나지 않는 편이죠. 그래서 기독교 신자뿐 아니라 비신도들도 영혼의 울림을 느낄 수 있어요. 피렌체는 다른 사람들이 누리는 자유를 여러분 자신의 자유처럼 느끼며 끝없는 사랑에 빠지게 만드는, 세상에서 가장 달콤한 열정을 가르치는 도시랍니다. 그렇다고 하느님에 대한 관심이 부족하지는 않아요. 종교적인 색채도 어느 정도 있지만, 여러분이 세속적인 것을 원하면 언제 어디서든 찾아볼 수 있어요. 그리고 여러분은 피렌체에서 경험한 것들을 마음 깊이 간직하고 있다가 다른 것들과 비교하게 될 거예요.

피렌체 시내의 좁은 골목길과 시장, 식당, 외곽 지역, 그리고 아르노 강을 가로지르는 다리들 위의 박물관들을 거닐다 보면 감성이 풍부해질 거예요. 극장이나 광장에 가도 그럴 거고요. 어디를 가든 여러분이 감성이 예민한 사람이 되고자 한다면 여러분과 다른 사람들 사이에 놓인 보이지 않는 벽을 정말 아무렇지도 않게 무너뜨릴 수 있을 거예요. 여러분 곁을 지나는 수많은 사람들에게서 공감의 시선을 읽을 수 있을 것이고, 그렇게 점점 더 모두가 하나라는 느낌을 받을 거예요. 실제로 여러분은 그들과 하나가 된답니다. 이렇듯 피렌체는 오래 전부터 다른 인류와 자연스럽게 동화돼 왔어요.

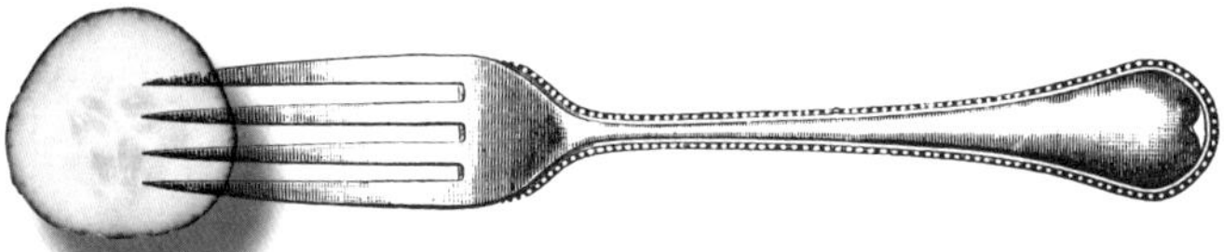

제 생각으로는 온 도시가 수백만의 젊은이로 가득 찼던 2002년 유럽 사회 포럼 이후로 의견의 대립, 그리고 때로는 타인에 대해 적대적이기까지 한 개념들이 피어오르기 시작한 것 같아요. 그렇다고 해서 그 누구도 자신의 생각을 표현할 수 없는 위험한 상황에 놓이게 된 것은 아니에요. 이 행사가 어쩌면 피렌체의 또 다른 르네상스의 시작을 알리는 것일 수도 있어요. 하지만 당시에는 그렇게 생각하기는 어려웠죠. 다만 나중에라도 그 행사를 계기로 변화가 있기를 바랐죠. 그리고 그 희망이 요즘 이탈리아와 유럽 정치계에서 '피렌체의 심장 박동'의 우월성을 통해 조금씩 확인되고 있죠.

혹시 내면의 고요를 찾고 계신가요? 피렌체에는 수많은 의견과 다양한 역사가 존재하고, 사람들이 가진 사상과 그에 대한 결론에도 모두 조금씩 차이가 있어요. 하지만 이 도시에서 여러분이 느끼는 심장 박동은 단 하나일 거예요. 어쩌면 그 박동은 여러분의 것일 수도 있어요.

여러분과 저, 우리의 도시 피렌체는 삶을 방관하는 '무게감 없는' 영혼도 기꺼이 받아들인다는 것을 알아 두세요. 아마 모든 관광객에게는 상상력이 필요할 거예요. 피렌체는 그 상상력까지 선물한답니다. 그리고 여러분이 허기를 느끼면 피렌체는 여러분의 가슴에 이 세상에서 가장 달콤하고 영양가 많은 젖을 줄 수 있는 자상한 어머니로 변신합니다. 지상낙원과도 같은 이 열린 도시가 꿈꾸는 이상적인 모습이죠.

피렌체 덕분에 봄이면 천지 만물과 모든 이를 사랑하게 될 거예요. 서로 애정을 주고받으며 책임감을 갖게 되는 일이 얼마나 아름다운지도 알게 될 거고요. 여름에는 시간의 상대성을 깨닫고 피렌체에 자리한 언덕들 사이에서 시원함을 느껴 볼 수 있답니다. 아마 아르체트리 전망대 근처에서 서늘한 기운을 찾을 수 있을 거예요. 그리고 가을에 포도송이를 씹고 밤 과자를 먹으면서 여러분이 정말 큰 행운을 얻은 삶을 살고 있다는 사실을 깨달을 것이고, 겨울에는 피렌체의 좁은 골목길을 걷다가 문득 이제 여러분이 피렌체 사람이 다 되었으며 피렌체를 사랑하고 있음을, 앞으로도 영원히 사랑할 것임을 알게 될 거예요.

• Fiorentino : 피렌체에 사는 사람, 피렌체 시민

피오렌티노로 태어나서 행운이라고 말할 수 있는 열 가지 이유

01

PRIMO

걸을 수 있어요

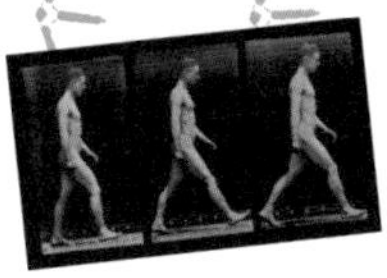

여러분이 피렌체 거리를 수천 번 걸어 다녀 봐도, 언제나 처음 같을 겁니다. 아침 6시의 피렌체와 8시의 피렌체가 다르다는 것을 알게 될 거예요. 10시의 피렌체와 정오의 피렌체도 다를 거고요. 오후 2시의 피렌체와 5시의 피렌체도 다를 거예요.

해가 진 뒤에도 피렌체에서는 그 나름대로 할 일이 생길 거예요. 이렇게 시간에 따라서만 다른 것은 아니죠. 달이 바뀔 때마다, 또 계절이 바뀔 때마다 달라지니 정말 표현할 수 없을 정도로 다양한 모습을 볼 수 있어요. 여름철 자정의 피렌체는 겨울이나 봄에 보는 자정 무렵의 피렌체와 완전히 다르답니다. 여러분이 직접 경험해 보면 제 말에 완전히 공감할 거예요. 여러분이 딸과 함께 거리를 걸으면 피렌체는 예전과 완전 딴판인 처음 보는 모습으로 다가올 거예요. 친구나 형제와 함께하면 또 하나의 새로운 피렌체를 보게 되겠죠.

이 도시가 이렇게 확연하게 다른 수천 가지 모습으로 스스로 변신할 수 있는 것은 아니에요. 해질녘과 새벽, 라임 향기, 강 위에 비친 모습 등이 고귀한 영혼과 우아한 윤곽, 기품 있는 감각으로 가득한 아름다운 여인의 모습이 되고자 하는 피렌체의 열정을 끊임없이 변화시키는 거죠. 피렌체가 갖고 있을 법한 오만함은 사실 매우 건전하고 피하고 싶어도 피할 수 없는 자부심 같은 거예요. 오래 전부터 이 세상에 속해 있었지만 스스로나 자신을 사랑하는 수많은 사람들의 믿음에 기대 안일해지지 않으려는(이런 기대를 갖고 있다면 정말 가장 큰 중죄가 될 거예요) 한 도시의 자부심이죠.

COMU

FIRENZE

SECONDO

알 수 있어요

피렌체의 역사를 읽어 보면 이 도시에는 뿌리 깊은 시민 의식이 있다는 걸 알게 될 거예요. 그러다 보면 굳이 찾지 않더라도 유배가 최대의 형벌이던 투쟁의 시대에 나뉜 고대의 소도시들의 부식토를 발견하고 그 흔적을 보게 되겠지요? 수세기가 흐른 지금, 피렌체는 모든 것을, 아니 그 이상을 성찰할 수 있는 경지에 도달했어요(그래요, 성찰을 해야 할 이유는 단 한 가지도 사라진 적이 없었어요). 그 결과 온화하고 새로운 스타일의 평화주의가 피렌체만의 철학으로 자리 잡았답니다.

간혹 친구들 사이에서나 갈등 관계에 있는 사람들 사이에서 너무 지나친 것 아닌가 하는 생각이 들 정도의 토론이 벌어지기도 하죠. 하지만 이런 토론에서도 말, 즉 언어 이상의 수단을 사용하는 일은 결코 없어요. 이러한 토론으로는 승자를 가릴 수 없고, 남보다 더 영리한 사람은 누구인지, 더 재치 있는 사람은 누구인지도 가릴 수 없어요. 아무리 할 말이 있는 사람이라 해도 잠깐 동안은 입을 다물 줄 알죠. 그리고 총포로 얻은 승리가 명예롭지 않다는 것도 알아요. 패배자는 오히려 더 잘 '성찰'하는 존재가 되죠. 그 성찰이 언젠가는 상대방을 당황하게 만들 테고 그럼 상대방은 뒤늦게 다른 사람의 생각도 알아야 한다는 걸 깨닫게 될 겁니다. 패배자는 그런 성찰을 아주 즐겁게, 그것도 거의 천재적인 직관으로 할 수 있는 존재가 되기 위해 수많은 기회를 놓치지 않을 테고요. 피렌체 사람들은 그런 것들을 잘 알고 있죠.

Coca-Cola

TERZO

언제나 기꺼이 즐길 수 있죠

시간과 장소를 불문하고 어떤 결정을 빨리 내려야 할 때가 있을 거예요. 누군가 내놓은 토론의 주제에 대해 잘 모른다 해도 말이죠. 그런 상황은 여러분이 카페에 앉아 있을 때나 친구들과 저녁 식사 자리를 가질 때 벌어질 수도 있고, 골목길 한쪽 구석이나 작은 도시의 어느 시장에서, 혹은 박물관이나 전시회의 관람객들 사이에서도 벌어질 수 있어요. 물론 여러분이 이성적인 판단을 금방 내릴 수도 있어요. 마치 인생이라는 장기판 위에서 여러분이 기수旗手가 되는 것과 마찬가지죠.

이때 오만하지 않게 양식良識을 따르면 여러분은 보병이나 여왕, 기병이나 왕, 그 어떤 말이라도 될 수 있을 거예요. 어떤 말이 되는지는 전혀 중요하지 않아요. 여러분이 그 장기판에 배치된다는 사실이 중요하죠. 이기고 지는 것도 중요하지 않을 거예요. 어쨌든 여러분 개인과 단체는 충돌과 만남을 통해 학습할 테고 여러분은 거기에 기여하게 될 테니까요. 이러한 과정을 통해 여러분이 피렌체 사람이 되어가는 동안 여러분의 주변, 그러니까 여러분이 서 있는 거리와 여러분의 아파트가 있는 동네, 아니면 여러분이 묵고 있는 여관이나 펜션, 호텔이 여러분의 눈앞에서 변화할 거예요. 낯선 시선으로 볼 때는 어쩔 수 없이 가로막고 있던 표면적인 모습은 완전히 사라지고 이제까지 전혀 보이지 않던 것들이 보일 겁니다. 벽에 갈라진 틈과 건물들의 색이 보일 것이고, 닫힌 창문과 열린 창문도 보일 거고, 그 안에서 사는 사람들의 소리도 들릴 거예요. 그러면 이제 더 이상 피렌체가 낯선 곳이 아니게 될 테지요. 피렌체에 속해 있다는 느낌이 들면서 뭔가 생명력이 고동을 치는 것을 느낄 거예요.

GLI
INTERESSI
IN COMUNE

QUARTO

사람들과 처음 대면할 때의 기교를 배울 수 있어요

여러분이 모든 것을 더 깊이 성찰할 때, 심지어 제대로 된 정보도 얻지 못한 문제를 풀려 할 때에 어느 결에 피오렌티노 같은 사고력을 발휘한다면 분명히 여러분은 참여 의식도 갖추게 될 겁니다. 그리고 문화적 수준이 높은 주제뿐 아니라, 문화 수준이 상당히 낮은 주제도 언제 어디서든, 그 누구에게든 진정한 예술을 발전시키는 데 기여한다는 사실을 알게 될 거예요.

여러분이 외국인이라면 아주 기초적인 수준의 이탈리아어 몇 가지만 알아도 됩니다. 예를 들면 "고마워요! 이렇게 맛있는 젤라토는 처음 먹어봐요." 정도의 말이면 충분하죠. 그러면 우연히 근처에 있던 어떤 사람이 수천 가지 예를 들기 시작하며 여러분의 생각을 바꾸려 할 수 있어요. 거기서 끝이 아니라, 어딘가에서 불쑥 나타난 다른 사람들까지 끼어들어 또 다른 예들, 더 생소한 예들을 추가할 거예요. 그러면 채 몇 분이 지나지 않아 여러분은 최고의 시스템이나 여남은 피렌체 젤라토 맛집(그중에는 진짜 맛있는 젤라토 가게도 있겠죠!), 혹은 올바른 세계 정치의 필요성이 시급하다는 등의 토론에 휘말리게 되죠. 그 토론에서 이길 수도 있어요.

혹시 여러분이 어느 순간 이런 말을 한다면(이미 다른 누군가가 말했을 수도 있어요), 예를 들어 "동네마다 훌륭한 젤라토 가게가 있지만, '바디아니 Badiani'의 부온탈렌티[1]는 감히 대적도 못할 최고의 맛이다"라는 식으로 말하면서 자리를 뜨면 여러분은 패자가 된 것이나 다름없어요. 한 가게를 굳이 언급해서 껄끄러운 부분이 있기는 하지만, 이건 굉장히 중요한 충고랍니다. 괜한 언쟁으로 번지지 않게 하려면, 조금 더 거창하게, 이 세상의 평

1 화가겸 디자이너인 베르나르도 부온탈렌티는 지하실에 코르크와 나무를 가득 채워 눈을 보관하는 방법을 개발했다. 피렌체 사람들은 달걀 크림으로 만든 아이스크림에 그의 이름을 붙였다.

화를 위해서라면 여러분도 이 정도의 맛집 정보는 무기처럼 준비하고 계셔야 할 겁니다. 그러나 오만한 승자 행세를 해서는 안 돼요!

피렌체가 여러분에게 선보이는 다른 젤라토를 맛보려면 모든 젤라토 가게 주소를 메모해 두세요. 예를 들어 리코타 치즈 젤라토나 펜넬Fennel 젤라토가 유명한 '아라Arà' 같은 곳 말이죠. 이 가게는 시칠리아 출신 친구들이 운영하는 곳인데, 이주한 지 얼마 되지도 않았는데 벌써 피렌체 사람

들이 다 됐더군요. 물론 비볼리Vivoli 젤라테리아의 '초콜릿과 판나Panna 젤라토'나 치옴피 광장Piazza dei Ciompi과 아주 가까운 피에트라피아나 거리Via Pietrapiana에 있는 프로코피오Procopio 젤라테리아의 '비밀Segreto 젤라토'도 거부할 수 없을 거예요.

그래요, 사람들 말처럼 여러분은 수천 가지 젤라토의 예를 직접 경험할 수 있을 거예요.

QUINTO

감성적 침묵의 예술을 발견할 수 있어요

네 번째에서 제가 사람들과 소통하는 법을 썼지만, 여러분이 무슨 생각을 하고 있든 입을 다물거나 남의 입을 다물게 해야 할 때도 많을 거예요. 아르놀포 탑이나 미켈란젤로 광장Piazzale michelangelo, 바디아 피에솔라나 Badia Fiesolana 수도원, 혹은 세계 최고의 향수 가게 중 한 곳으로 꼽히는, 바르디 거리Via de' Bardi 14번지에 위치한 로렌초 빌로레시[2] 아틀리에의 고층 창문 등 높은 곳을 찾아가 보세요.

제가 소개한 곳에 가면, 피렌체 가옥들의 지붕을 감상하거나 도시의 전경을 보고 싶다고 밖을 내다보게 해달라고 부탁해 보세요. 높은 곳에서 내려다보면, 도시 전체가 이 세상에 동화되어 있다는 느낌을 받게 될 거예요. 그리고 여러분이 피렌체와 온 세상에 얼마나 깊이 동화되어 있는지도 알 수 있을 거고요(피렌체에 먼저 동화되었는지, 이 세상에 먼저 동화되었는지는 알 수 없어요. 어떤 것이 먼저인지 따질 필요도 없죠). 여러분은 고요 속의 피렌체에 있게 될 겁니다.

여러분이 아르놀포 탑Torre di Arnolfo을 오르기로 결정했다면, 베키오 궁Palazzo Vecchio의 맨 위층에서 장인 정신을 가지고 색색의 실들을 잡고 오랜 역사를 되살리는 아라스 천[3] 복원사들의 정확하고 노련한 손을 감상할 기회를 놓치지 마세요. 아마 감탄이 절로 나올 겁니다. 피렌체 최고의 궁전인 베키오 궁의 아래층 전시실로 내려오다 보면 각종 지도와 세계적으로 유명한 지구본 마파 문디Mappa Mundi 전시실을 다시 거치게 될 거예요. 그러나 내려오면서 보는 이 전시실은 사뭇 달라 보일 겁니다. 지도에 대한 설명을 다른 기분으로 들으면서 여러분은 젊은이들만이 누릴 수 있는

2 Lorenzo Villoresi, 향수를 비롯한 뷰티 제품을 만드는 브랜드.

3 arazzo, 비단에 색실로 무늬를 넣은 곱슬곱슬한 천.

1995년 발굴 작업이 시작된 후부터 베키오 궁의 토대土臺가 방문할만한 장소가 됐죠. 베키오 궁(처음에는 프리오리 궁이었다가 시뇨리아 궁으로 명칭이 변경됐어요)은 1310년 완성된 뾰족한 탑을 중심으로, 13세기 후반부터 14세기 초반에 아르놀포 디 캄비오[4]가 건설했어요. 베키오 궁은 기원후 1세기에 지은 고대 로마노 극장의 아치들 위로 솟아올라 있죠. 이 아치들 아래에서 고대 로마 시대에 아레초[5] 방향으로 연결된 도로를 비롯해 우물과 배수구 등의 흔적이 발견됐어요. 말하자면 이 궁전이 피렌체 고고학 연구의 심장인 거죠. 근처에 있는 닌나 거리**Via della Ninna**의 오른쪽에는 벽돌 소재 첨탑이 달린 기둥 몇 개와 산피에르 스케라조**San Pier Scheraggio**(1018년 봉헌) 교회의 로마네스크 양식 아치들이 자리하고 있어요. 이 교회는 예전에 시민 집회 장소로 사용됐고, 1560년 이후 조르조 바사리[6]가 새로 지은 우피치(현재 아주 유명한 박물관이죠) 건물과 통합됐어요.

4 Arnolfo di Cambio, 1245~1302년경, 이탈리아의 건축가, 조각가.

5 Arezzo, 아르노 강과 키아나 강의 합류점으로 피렌체 남동쪽 60킬로미터 지점에 위치한 도시.

6 Giorgio Vasari, 1511~1574년, 이탈리아 르네상스 시대 화가이자 건축가, 미술사학자.

평화를 느낄 거예요. 그리고 이렇게 아름다운 인생을 살게 된 것이 얼마나 큰 축복인지 경이와 환희를 느끼면서 다시 한 번 깨닫고 다시금 그 평화를 되새기겠지요.

- Antipasto : 전채
- Primo Piatto : 첫 번째 요리
- Secondo Piatto : 두 번째 요리
- Contorno : 곁들임 채소
- Dolce : 후식

봄의 휴식

4인분

ANTIPASTO
콩 꼬투리, 배, 페코리노 치즈

1 콩 꼬투리 1킬로그램의 껍질을 제거하면 생콩이 300그램 정도 나올 거예요. 이 생콩에 잘게 깍둑썰기 한 마르촐리노[7] 200그램과 당도가 높은 바틀릿 배와 같은 서양배를 섞어요. 소스는 올리브오일 4큰술, 잘게 다진 마늘 한 쪽을 섞어 만듭니다. 취향에 따라 후추를 첨가하고 아주 약간의 소금을 넣되 페코리노[8] 치즈가 들어가면 소금을 굳이 넣지 않아도 된다는 점을 기억하세요.

2 서빙하기 몇 시간 전에 소스를 만들고 볼에 모든 재료를 넣어 샐러드도 미리 만들어 뒀다가 주재료들을 네 개의 디너 접시에 나눠 담은 다음, 소스로 접시를 더럽히는 방법으로(깨끗한 접시에 소스가 올라가니까 그냥 이렇게 표현한 거예요) 차려 내면 됩니다.

7 marzolino, 토스카나산 양젖 치즈.

8 pecorino, 비가열 압착 양젖 치즈.

PRIMO PIATTO
봄의 미네스트로네

1 이 수프야말로 서민 시장에서 농촌이 부활해 다시 풍요로워졌다는 것을 알리는 상징적인 음식이라고 할 수 있어요. 농부들이 펼쳐놓고 판매하는 채소들을 둘러보면서 적당한 양의 채소를 구입하세요. 구입한 채소들을 모두 한 냄비에 넣고 재료들이 모두 잠길 정도로 물을 부으세요. 양파나 쪽파, 작은 아티초크 잎 같은 섬유질이 풍부한 채소부터 넣기 시작하세요.

2 그다음으로는 생 완두콩 한 줌과 셀러리의 흰색 속단과 잎, 당근 약간, 감자 네 개, 마늘 아주 조금, 시금치와 근대 작은 한 줌 정도, 그리고 취향에 따라 아스파라거스를 넣어도 되는데 되도록 자연산을 구입하고 이탈리아산 완두콩도 두 줌 정도 준비하세요. 어떤 채소든 가능한데, 되도록 제철 채소를 사용하는 게 좋겠죠.

3 이렇게 다양한 채소를 넣은 냄비를 약한 불에서 아주 천천히 끓이고 될 수 있으면 바질 잎을 몇 장 잘게 찢어 넣으세요. 그리고 조금 더 풍미를 주고 싶다거나 여름에 요리할 경우 페스토를 한 큰술(두 큰술도 괜찮아요) 넣어 주세요. 아니면 올리브오일을 두세 큰술 넣어도 되고요. 특별히 기름을 사용한 음식이 들어가지 않는데도 이 수프는 여러분에게 깊고 진한 풍미를 선물할 거예요.

사랑하는 젊은 독자 여러분, 인생은 참 묘한 거예요. 장난을 치려고 그런 건 아닌데, 한 번은 제가 양파와 콩, 감자만 넣고 수프를 만들었답니다. 제노바 지역 사람들은 어떤 요리인지 아실 거예요... 그런데 그 밋밋한 수프에 마늘과 올리브오일, 파르마산 치즈 가루와 아주 향이 강한 바질 잎을 넣는 순간, 제가 마땅히 해야 할 착한 일을 한 것 같다는 느낌이 들더군요.

여러분이 만들 수 있는 수프의 양이 필요한 양의 절반 밖에 안 된다면, 충분한 양의 파르마산 치즈와 올리브오일, 혹은 버터를 넣고 거품이 나도록 휘저어서 리소토를 만들어 보세요. 첫 번째 요리는 어떤 것으로 하든 제한이 없으니까요. 농도는 보통 리소토보다 조금 더 묽게 하시면 됩니다.

수프 국물이 한 잔 정도 남았다면(이 방법은 겨울에 각종 배추류 채소와 콩을 넣고 끓이는 수프를 포함한 모든 수프에 적용할 수 있어요), 달걀 8개를 풀어 넣으세요. 세상에서 가장 맛있는 프리타타[9]가 탄생할 거예요. 이때도 파르마산 가루 두 큰술을 넣으면 정말 센스 있는 맛이 나올 겁니다.

9 frittata, 이탈리아식 오믈렛.

수분이 너무 많은 것 같아 따라냈더니 두 잔 정도의 국물이 나왔다면, 마카로니나 펜네타와 같은 쇼트 파스타를 만들어 보세요. 여러분이 자랑스럽게 '채소 파스타'라고 부를 수 있는 음식이 탄생할 거예요.

폴렌타[10]에 풍미를 돋우는 용도로 사용해도 나쁘지 않아요. 이 경우에도 수프 국물의 수분을 날려주고, 저처럼 올리브오일을 충분히 추가하면 아주 맛깔스러워지죠.

10 polenta, 옥수수 가루로 끓이는 죽.

봄의 미네스트로네에 가다랭이나 방어, 아니면 새우를 비롯한 각종 생선의 껍질을 벗겨 잘게 다져 넣으면(오징어나 한치 한두 마리도 괜찮아요) 이탈리아의 엘바 섬에 사는 기분을 느낄 수 있을 거예요. 그런데 여기서는 파르마산 치즈는 빼야 한다는 것을 잊지 마세요. 대신 오레가노 가루 반 작은술과 곱게 빻은 화양풀 씨앗 반 작은술 정도 넣어 주세요. 피렌체에서 160킬로미터 거리에 있어서 가려면 한 시간은 족히 걸리는 나폴레옹의 섬, 엘바에서 며칠 지낸 것 같은 기분을 느끼려면 페페론치노 고추는 반드시 넣어야죠.

SECONDO PIATTO

새끼 양고기 프리카세

1 어린 양의 어깨죽지살을 5×3센티미터 크기로 썰어 주세요. 조각낸 양고기를 깊이가 낮은 팬에서 구워 주세요. 고기가 80퍼센트 정도 익어서 밝은 갈색을 띨 때 마늘 두어 쪽과 세이지 잎 약간, 그리고 로즈마리도 아주 조금 추가해 주세요.

2 마늘이 색을 내기 시작해 금색에서 동색 사이의 빛을 띠면 화이트 와인 한 컵을 부은 후 절반으로 줄어들 때까지 졸여 알코올이 날아가게 해주세요. 조리 시간은 여러분이 알아서 판단해야 하는데, 육수면 더 좋고 없으면 그냥 물을 한 컵 반 추가한 후 모든 재료가 완전히 부드러워질 때까지 끓이면 됩니다.

3 소금과 후추 적당량과 품질 좋은 인도 카레 1/4티스푼 추가해 주세요. 이 카레 가루가 저희 할아버지 비르질리오 씨의 비법 중 하나랍니다. 불을 끈 직후에 먼저 레몬주스를 넣고 재빨리 나무주걱으로 저으면서 달걀 노른자 4개를 추가하면 프리카세[11]를 만들 수 있어요. 완성된 소스가 묽을 것 같지만 양고기 조각을 모두 감쌀 정도는 될 거예요.

소스가 너무 될 경우, 육수 한 수저를 넣어 농도를 조절하세요. 반대로 너무 묽다면, 다시 불에 올려 몇 초 동안만 조금 더 가열하면 됩니다. 즐겁게 먹고 마지막으로 잘 구운 빵 몇 조각으로 팬을 닦아 먹는 것도 그 어떤 것에 뒤지지 않는 맛이죠. 특히 부활절과 봄맞이로 꼭 해먹어야 할 음식이랍니다.

11 fricassea, 송아지, 영계, 채소를 볶아 부용으로 삶아 화이트소스를 곁들이는 요리.

CONTORNO
팬 아티초크

여성의 지혜를 발휘해 아티초크를 세척해 주세요. 여성이 얼마나 지혜로운지 시험해 볼까요? 남자 한 분과 여자 한 분에게 아티초크를 하나씩 나눠주고 씻어 달라고 해보세요. 남자 분은 항상 단단한 잎과 가시를 그대로 둬서 아티초크의 크기가 꽤 클 거예요. 반대로 여자 분은 먹을 수 없는 잎을 다 제거해서 세척하고 가시를 완전히 없애려고 주의를 기울일 거예요. 여성들은 원래 천성적으로 다른 사람들에게 '사랑스러운 책임감'을 발휘하는 능력이 있답니다. 남성들은 여성들의 이런 책임감을 배워야 해요.

1 앞서 말한 것처럼 잎과 먹을 수 없는 부분은 모두 제거하고 먹을 수 있는 부분만 남긴 다음, 두 쪽으로 갈라 물에 담그고 레몬 반쪽의 즙을 짜 넣어 몇 분 동안 두세요. 그런 다음 바닥이 두꺼운 스테인리스 냄비를 준비하세요(제가 이런 도구를 준비하라고 권하는 경우는 거의 드물어요).

2 반으로 가른 아티초크에 올리브오일과 마늘, 파슬리, 그리고 넉넉한 양의 후추로 풍미를 돋우고, 아티초크 10개당 작게 채친 프로슈토 햄 기름과 살코기 부분을 섞어 3수저 추가하세요. 소금도 아주 약간 넣고요. 재료가 다 익으면 맛을 보고 간을 다시 맞춰야 할 경우 프로슈토 햄에서 짠맛이 나온다는 점을 염두에 두고 조절하면 됩니다.

3 제가 직접 경험을 해보니 아티초크가 단단한 상태인데도 완전히 익은 경우가 있더군요. 그러니 절대 너무 오랜 시간 조리하지 않도록 하세요. 거의 밀폐가 되는 뚜껑을 덮고 정확히 3분 동안만 냄비를 불에 올려 두세요. 뚜껑이 없으면 묵직한 도자기 접시를 사용해도 되는데, 냄비를 덮기 전에 기타 재료들 속에 아티초크를 넣고 먼저 한 번 더 저은 다음 조리하세요. 초반에 끓을 때까지는 불을 강하게 하세요. 끓으면 조심해서 재빨리 뚜껑을 열고 수저 두 개를 이용해 아티초크를 다시 한 번 저어 주세요. 이때까지 아티초크는 세척하는 동안에 쌓인 수분도 배출하지 않아 전혀 익은 것 같지 않을 거예요.

4 다시 불에 올려 정확히 3분을 더 가열하세요. 그럼 처음 3분에 젓는 시간 1분, 추가 3분까지 총 7분이 되죠. 불을 끄고 냄비 뚜껑은 열지 않은 상태로 찬바람이 들지 않는 곳에 두어 온도가 내려가기는 하되, 너무 빨리 식지는 않게 하세요. 다 식고 나면 뚜껑을 열고 우아하게 전체적으로 다시 한 번 저어 주세요.

다른 사람들에게 차려주기 전에 육즙과 프로슈토 햄, 파슬리, 후추를 세심하게 곁들인 아티초크를 여러분이 직접 맛을 보세요. 이때 요리의 대가처럼 주의를 기울여 소량의 소금을 추가할 것인지 결정하면 됩니다.

아티초크는 철분이 풍부해 구리나 알루미늄과 같은 성분과 상호작용이 쉽게 일어나요. 이 요리의 경우 중화 작용을 하는 스테인리스 스틸 소재의 식기를 사용하는 것이 바람직해요.

DOLCE
프라토의 주코토

저는 확신합니다. 여러분은 파올로 사케티 제과 명장의 주코토[12]를 맛보셔야 해요. 파올로 사케티는 현재 프라토[13]에서 '누오보 몬도**Nuovo Mondo**'라는 간판을 내건 자신의 제과점에서 명작을 굽고 있죠. 그의 주코토는 제누아즈와 알케르메스[14]로 만든 특별한 '복숭아'라고 할 수 있답니다. 피렌체 출신인 파올로 사케티는 일은 고되고 지적이기까지 해야 하는 분위기의 프라토로 이주해 환상적이고 풍부한 맛의 주코토를 만들고 있어요. 프라토에서 이 주코토를 구입해서 피렌체로 돌아오는 데 소요되는 시간 정도면 케이크의 온도나 부드러움이 완벽할 거예요.

파올로 씨는 주문 생산만 하고 냉동을 하지 않는다는 점을 잊지 마세요. 대량 생산을 하지 않으니 운이 좋아야 주문을 할 수 있죠. 그러니 '하느님을 찬양'하고 은총을 달라고 기도하세요! 원한다면 클래식 스타일을 주문할 수도 있고 건조 무화과를 넣은 고급 버전 '수블리메**Sublime**'를 선택할 수도 있어요. 이 케이크는 과장을 조금 보태면 지옥으로 가서 그곳을 천국으로 만들고 싶게 만드는 맛이랍니다. 건조 무화과는 카르미냐노[15]에서 생산한 것인데, 이곳 역시 한번 찾아가 보면 굉장히 만족스러우실 거예요.

12 zuccotto, '신부님의 모자'라는 뜻으로 돔(dome) 형태의 이탈리아 전통 케이크.

13 Prato, 이탈리아 중부 토스카나 주에 있는 도시, 피렌체의 서북쪽에 위치.

14 alchermes, 꽃과 떫은맛의 향료로 만든 붉은색의 주류.

15 Carmignano, 토스카나 주 프라토 현에 있는 자치도시. 피렌체에서 서쪽으로 20킬로미터 거리에 위치.

S E S T O

피렌체에서 몇 킬로미터 정도 떨어져 있지만...

세스토 피오렌티노는 찾아가볼 만한 가치가 있을 거예요. 버스나 택시, 어떤 교통수단이든 괜찮아요. 도시에서 조금 벗어나면 준공업지구의 유적지에 갈 수 있거든요. 리차드 지노리[16] 박물관(앤티크 자기나 지오 폰티의 도자기 베리에이션 작품들을 전시) 같은 곳을 찾아보셔도 좋아요. 이쪽에는 믿을 수 없을 정도로 작은 규모의 박물관들이 많답니다. 박물관을 둘러보면서 사람들의 지혜를 엿보고 인간의 영혼에 '미美에 대한 개념'을 심어 준 화려하고 풍요로운 식탁을 허락한 노동자의 손, 열심히 일하는 그 손이 얼마나 멋진지 알 수 있을 거예요. 순수한(프랑스 소설가 볼테르가 쓴 《캉디드Candide ou l'optimosme》의 주인공 캉디드가 세상을 낙천주의로 볼 것인지, 비관주의로 볼 것인지를 고민했죠. 우리는 그중 낙천적인 의미에서 순수하게candid 보는 겁니다.) 수프 볼에 얼마나 많은 수프가 담겼을까요... 그리고 상상력을 발휘해 만든 음식들을 장식할 수 있는 것이 오직 디너 접시뿐이던 시절에, 이 접시들은 영양분으로 가득한 세상을 만드는 데 얼마나 큰 영향을 미쳤을까요! (소스탄차Sostanza는 이탈리아어로 '영양분'이라는 뜻이에요. 그런데 피렌체에 이와 똑같은 이름의, 그 어떤 식당도 감히 흉내 낼 수 없는 훌륭한 트라토리아가 있답니다. 이 음식점에 대해서는 한 가지씩, 전부 다 이야기하도록 할게요. 이 음식점 이야기도 쉽게 끝내기 힘들거든요.)

세스토 피오렌티노를 벗어나기 전, 로렌초 빌로레시의 두 번째 '실험실', 그것도 아주 깊숙하게 숨겨진 실험실을 찾아볼 수 있을 겁니다.

피렌체 현에 위치한 자치도시 세스토 피오렌티노Sesto Fiorentino에서 길을 나서면 몬타뇰라Montagnola 묘지에서 잠시 쉬는 게 좋을 거예요. 몬타뇰라는 1959년 발견되었고, 아르노[17] 강 북부 평원에서 가장 유명한 에트루스카 양식의 비석이에요. 이곳에 가면 기원전 8세기에 건설된 비밀 통로인 드로모스dromos와 위장용 돔과 중앙 기둥이 있는 원형 안치실인 톨로스tholos를 볼 수 있어요. 숲에 가려져 있지만 고속도로와 철도 근처에 있답니다.

16 Richard Ginori, 세계적인 명품 도자기를 생산하는 기업.

17 Arno, 토스카나 주 피렌체와 피사를 거쳐 리구리아 해로 흘러 들어가는 강이다.

SETTIMO

피렌체를 이해할 수 있을 거예요, 만약...

피렌체의 성벽을 벗어나게 되면 말이죠. 언젠가 세스토 피오렌티노를 방문한다면, 카스텔로Castello에 들러 크루스카 아카데미Accademia della Crusca가 운영되고 있는 메디치 저택Villa Medicea을 찾으세요.

이곳을 방문해야 할 이유는 천 가지는 되지만, 그중 첫 번째는 화분에 심은 감귤류 나무들을 전시해 놓은 정원이에요. 일찍이 바사리가 유럽 전역을 통틀어 가장 풍요롭다고 꼽은 곳이죠. 겨울에 냉기를 피해 온실로 들여놓기 전에 이 공원의 향기를 맡으며 산책해 보세요. 피렌체로 돌아가면 보볼리 정원Giardino di Boboli을 둘러 볼 시간을 일부러라도 내야 한다는 것을 알게 될 거예요. 그리고 이전과는 다른 기분으로 보볼리를 거닐게 될 것이고, 바로 앞에 있는 피티 궁Palazzo Pitti은 하루 더 날을 잡아 방문해야겠다는 생각을 갖게 될 거예요.

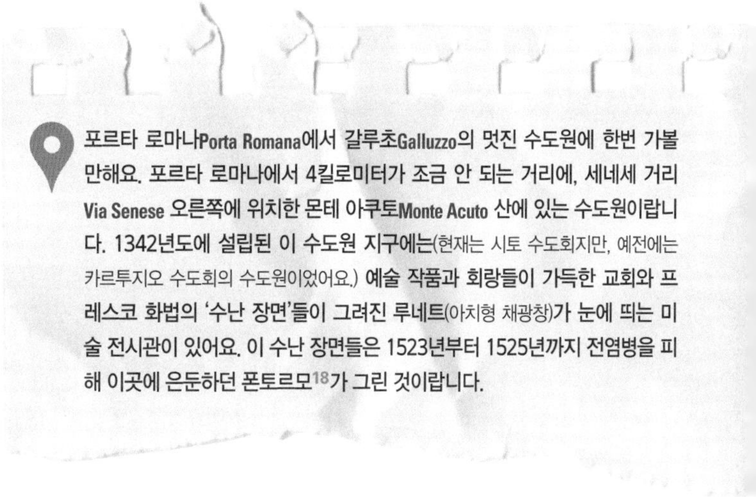

포르타 로마나Porta Romana에서 갈루초Galluzzo의 멋진 수도원에 한번 가볼 만해요. 포르타 로마나에서 4킬로미터가 조금 안 되는 거리에, 세네세 거리Via Senese 오른쪽에 위치한 몬테 아쿠토Monte Acuto 산에 있는 수도원이랍니다. 1342년도에 설립된 이 수도원 지구에는(현재는 시토 수도회지만, 예전에는 카르투지오 수도회의 수도원이었어요.) **예술 작품과 회랑들이 가득한 교회와 프레스코 화법의 '수난 장면'들이 그려진 루네트**(아치형 채광창)**가 눈에 띄는 미술 전시관이 있어요. 이 수난 장면들은 1523년부터 1525년까지 전염병을 피해 이곳에 은둔하던 폰토르모[18]가 그린 것이랍니다.**

보볼리 정원에서 나와 로마나 거리Via Romana를 지나면 프란체스코 페트라르카 대로Viale Francesco Petrarca로 통하는 지름길인 구시아나 거리Via Gusciana가 나올 거예요. 그 길을 따라 가면 토리지아니 정원Giardino Torrigiani이 나오죠. 그런데 이 정원은 유럽에서 도시의 성벽 안에 있는 정

18 Jacopo da Pontormo, 1494~1557년, 이탈리아의 화가. 피렌체의 마니에리스모 화풍을 확립했다.

18세기 말부터 피렌체의 상점들은 일반 거주지와 다른 번지수를 지정 받았어요. 피렌체가 이탈리아의 수도이던 시기에 현재의 번지수 지정 체계가 적용됐는데, 시민들의 거주지는 검은색으로(간혹 파란색인 경우도 있어요), 수공업이나 상업 활동을 하는 건물에는 붉은색으로 표시하고 뒤에 'r'을 붙였죠. 그러니 여러분이 어떤 주소지를 찾아갈 때, 번지수가 검은색인지 붉은색인지만 알면 금방 찾을 수 있어요.

원 중에서 가장 큰 사유 정원이라 사전에 입장 허가를 받아야 한답니다.

정원을 나서면 포르타 로마나 광장 끝까지 다시 가세요. 거기서 왼쪽을 보면 피렌체에서 가장 재주가 뛰어난 소간 장수가 있을 거예요. 람프레도토[19]를 넣은 그의 파니니를 맛보는 일은 세례식을 치르는 것과 같은 가치가 있고, 무엇보다 피렌체 '시민 여권'을 얻는 가장 빠른 방법이랍니다. 솔직히 말하면 전 이틀에 한 번씩 이 구역에 있는 제 단골 소간 장수의 고기를 넣은 파니노를 탐닉한답니다. 운 좋게도 이 가게는 마치 거리Via dei Macci에, 파트리치아와 파올라 마리아벨리, 젊은 제빵사 두 명이 운영하는 빵집과 122r번지에 위치한 제 트라토리아 사이에 있어요.

19 lampredotto, 소의 네 번째 위인 아보마소(abomaso)로 만든 요리.

OCTTAVO

미니어처의 거대함

어쩌면 이것은 귀금속 세공사들, 아니 그들보다 먼저 수도원에서 조용히 인내심을 가지고 책을 옮겨 쓰고 독특한 미니어처를 만든 사람들의 책임이라고 해야 할지 모르겠군요. 여러분이 절대 잊지 말아야 할 것이 있어요. 우리가 어떤 작은 것들에 대해 이야기를 할 때는 사실 이미 그것들을 사랑하고 있는 거예요. 이탈리아어에서는 작은 물건에 'ino'를 붙이죠. 그런데 피렌체에서 이 어미를 붙이는 것은 뭔가 질이 더 좋다는 의미를 담고 있어요. 예를 들어 "이 상추에 조그만 속grumolino이 들어찬 것 좀 보세요."라든지 "여기 작은 아티초크carciofino 좀 보고 가세요. 정말 보석 같아요." 같은 말이죠. 어쩌다가 "이 작은 시금치spinacino는 진짜 범죄예요."라는 말을 들어도 놀라지 마세요. 그건 작은 시금치가 얼마나 맛있는지 죄를 짓는 기분이 들 정도라는 뜻이랍니다.

앞에서 예를 든 문장들은 우리 피렌체의 농부나 채소상들이 시장에서 외치는 소리예요. 산탐브로조 시장Mercato di Sant'Ambrogio 바깥쪽 노점상들 사이를 지나게 되면 눈치아라는 위풍당당한 서민 여성과 이야기를 나눌 수 있어요. 눈치아는 좌판을 펼쳐 놓고 희귀한 빈티지 의류를 아주 저렴한 가격에 판매하고 있답니다. 그 옆으로 늘어선 그녀의 동료 상인들도 독특한 상품들을 놀라운 가격에 판매하고 있죠. 눈치아의 좌판 바로 옆에, 피렌체에서 가장 생기 넘치는 농수산물 시장 안쪽으로 적은 돈으로도 식사를 할 수 있는 '로코Rocco'라는 음식점이 있는데 필수코스라고 생각하고 꼭 들르세요. 그리고 한 가지 더 부탁하자면 식사 후에, 음식점에 들어갈 때처럼 의무감을 가지고 기벨리나 거리Via Ghibellina를 다 지나 세상에서

RALI

PIZZUTELLA
PUGLIA CAT. 1
VERA PERA
COSCIA ROMAGNA

단 하나뿐인 최고의 포도주 창고 에노테카 핀키오리Enoteca Pinchiorri에 들르세요.

프로콘솔로 거리Via del Proconsolo로 들어가 조금 가다 보면 4r번지가 나올 거예요. 거기가 바르젤로 박물관Museo del Bargello이에요. 박물관에서 미켈란젤로의 〈바쿠스〉(예나 지금이나 와인과 음식을 사랑하는 우리 모두에게 영감을 불어 넣죠)와 빈첸초 제미토의 〈어부〉, 벤베누토 첼리니의 〈나르시스〉, 데시데리오 다 세티냐노와 잠볼로냐, 기베르티, 델라 로비아, 필리포 브루넬레스키, 베르니니가 남긴 사랑스러운 얼굴들의 매력에 흠뻑 빠져 보세요.[20] 그리고 박물관 관람이 끝나면 이슬람 아트 컬렉션도 찾아가 보세요. 대작들이 수집되어 있어 유럽에서 손꼽히는 중요한 컬렉션이거든요.

180도 다른 분위기를 원한다면, 스티버트 박물관Museo Stibbert에 들러 서양에서 손꼽히는 규모인 일본 무기 컬렉션을 꼭 한 번 둘러보세요. 굉장히 이국적인 보물들이 대량 소장되어 있답니다. 이 앵글로-피렌체 혈통 수집가의 관대함과 그가 피렌체에 선물로 남긴 것들을 알면 여러분은 이 도시와 여러분 자신을 또 다른 관점에서 해석하게 될 겁니다. 에트루리아의 본질이 궁금해 고고학 박물관Museo Archelogico에 갔다면 전차나 사냥용 수레 앞에서 걸음을 멈추고 유심히 관찰해 보시기 바랍니다. 로마나 거리에 있는 스페콜라 자연사 박물관Museo di Storia Naturale, La Specola은 유럽에서 가장 오래된 자연사 박물관 중 하나로써 위엄을 갖춘 스승이 되어 여러분을 가르칠 거예요.

20 Vincenzo Gemito, 1852~1929년, 이탈리아의 조각가.

Benvenuto Cellini, 1500~1571년, 이탈리아의 조각가, 금속 세공가.

Desiderio da Settignano, 1428~1464년, 이탈리아의 조각가.

Giambologna, 1529~1608년, 이탈리아의 조각가.

Lorenzo Ghiberti, 1378~1455년, 르네상스 초기의 금속 공예가.

Luca Della Robbia, 1399~1482년, 르네상스 초기의 화가, 조각가, 도예가.

Filippo Brunelleschi, 1377~1446년, 르네상스 건축의 창시자.

Gian Lorenzo Bernini, 1598~1680년, 바로크 건축가, 조각가.

프레데릭 스티버트(1838~1906년)**가 탄생시킨 박물관에 관한 이야기를 하자면 피렌체의 예술문화 유산을 증가시킨 사람들, 즉 20세기 전환기에 바로 이곳 피렌체에서 중요한 작품들을 수집한 수집가나 골동품상을 상기하지 않을 수 없죠. 이들이 수집한 예술품들이 현재는 공동유산이 됐어요. 그 사람들 덕분에 알레 그라지에 다리Ponte alle Grazie 부근 리나시멘탈레 팔라초 코르시Rinascimentale Palazzo Corsi에 있는 호른 박물관Museo Horne과 아르노 강 반대편에 있는 바르디니 박물관Museo Bardini과 같은 곳이 현재의 모습을 갖출 수 있었어요. 이외에도 골동품 수집가이자 상인인 엘리아 볼피가 15세기에 다반자티 궁Palazzo Davanzati에 설립한 안티카 카사 피오렌티나 박물관Museo dell'Antica Casa Fiorentina 그리고 마지막으로 산토 스피리토 체나콜로Cenacolo di Santo Spirito 박물관에 마련된 살바토레 로마노 재단 미술관Fondazione Salvatore Romano**(피렌체 골동품의 성지와 같은 곳으로 아직도 운영되고 있어요)**도 있답니다.**

L'UNO

NONO

절대 스스로 여러분의 시간을 훔치면 안 된다는 것을 알게 될 거예요

일단 시장 안으로 들어가 아르노 강 이쪽저쪽의 골목길에서 관광객 분위기를 물씬 풍기는 몸짓으로 스스로 희생양이 되는 경우가 종종 있는 사람들의 발걸음이 뜸한 곳을 찾아보세요. 모퉁이를 돌아 강이 보이지 않는 골목으로 들어가세요. 낮에는 피렌체 도시의 90퍼센트를 여러분이 독점할 수 있어요. 그러나 밤에는 어렵지 않게 100퍼센트 다 가질 수 있을 겁니다.

피렌체 시내를 벗어나 남쪽으로 계속 가다 보면 처음으로 나오는 외곽도시에 파라디소 거리Via del Paradiso가 있어요. 그 길을 조금 더 따라가면 피렌체의 산길로 소풍을 떠나는 기분을 흠뻑 느낄 수 있어요. 그리고 시뇨리아 광장Piazza Signoria과 100미터 정도 떨어진 곳에 위치한 루스티치 거리Via dei Rustici나 비네지아 거리Via Vinegia를 찾아보면 제 말을 이해할 수 있을 거예요. 인페르노 거리Via dell'Inferno의 한가운데 서 있어도 그렇고요. '지옥'이라는 뜻의 이 인페르노 거리에는 얼마 전까지 피렌체에서 모르는 사람이 없는 평신도 성자 몬니가 천국으로 떠나기 전까지 살았던 곳이랍니다. 그의 친구들의 이야기를 통해 위대한 영혼을, 그러니까 피렌체 전체의 영혼을 만나보실 수 있을 겁니다.

Via Carlo Monni

카를로 몬니, 1943년 캄피 비센지오 출생 ~ 2013년 피렌체 사망

인페르노 거리 7번지는 배우이자 시인, 무정부주의자였던 카를로 몬니가 살던 곳입니다. 그는 캄피에서 태어나 피렌체에서 살면서 모든 토스카나 주 사람들의 사랑을 받은 사람이에요. 카를로 몬니 거리는 출입구가 차고 앞에 하나 있기는 하지만 통행은 불가능해요. 하지만 7번지 건물로 들어가서 맨 위층까지 계단으로 올라가면 지나간 시대의 향기를 느낄 수 있어요. 카를로 몬니는 카시네와 겨울철 아르노 강을 따라 길게 이어진 둑을 산책하면서 야생 허브들을 모두 뽑아다가 자신의 주방에서 요리를 했어요. 토스카나 지방을 돌아다니며 공연을 할 때는 본인이 직접 음식과 최상의 와인을 준비했답니다. 그런데 그가 세심하게 와인을 보관한 장소는 욕실이었어요. 집안에서 가장 시원한 곳이라 와인과 함께 프로슈토나 살라메, 치즈 등 인페르노 거리 전체에 냄새를 풍기던 식재료들을 저장하기에 매우 적합한 곳이라 생각한 거죠. 섬세한 요리사였던 몬니는 토기 냄비에 장시간 조리하는 법을 사용했어요. 그가 주로 사용하던 재료는 콩이었고 테라코타 소재 냄비에 조리를 했는데, 가열 시간은 앞서 말한 카시네 주변을 산책하는 동안이었답니다. 요즘 피오렌티노들은 '인페르노 거리'를 '카를로 몬니 거리'라고 불러요. 비공식적이지만 표시판까지 붙어 있죠. 여러분도 인페르노 거리가 카를로 몬니 거리라는 사실을 기억해 두세요.

'그레초'라는 이름으로 유명한 에토레 델 베네가 카를로 몬니의 절친한 친구이자 매니저였어요.

제 레스토랑 '치브레오Cibrèo'는 '테아트로 델 살레Teatro del Sale' 근처 마치 거리에 있는데 산탐브로조 교회Chiesa di Sant'Ambrogio에서 가까워요. 운영은 마리아 카시[21]가 맡고 있고 저도 이곳에서 일한답니다. 저희 식당 맞은편도 마치 거리 구역이고 멋진 인쇄 그림과 희귀한 지도를 파는 넨치오니 씨의 가게가 있어요. 그 옆의 9번지에서는 라스트루치 씨가 놀라울 정도로 매력적인 모자이크 작품들을 만들죠. 그리고 거기서 또 조금 더 가서 산주세페 거리Via San Giuseppe 5r번지, 산타 크로체 교회Chiesa di Santa Croce 바로 옆에 있는 가죽 공예 학교Scuola del Cuoio도 둘러봐야 할 곳이에요.

제가 말한 곳들이나 그 밖에 다른 곳들을 직접 찾아가 보면 수공예 장인의 지혜와 피렌체의 열정이 무엇인지 알 수 있을 거예요. 그리고 환한 미소를 짓고 있으면 어디든 들어갈 수 있고 무엇이든 물어볼 수 있다는 것

21 Maria Cassi, 피렌체 출신의 여배우, 광대이자 파비오 피키의 아내.

베키오 다리Ponte Vecchio와 산타 트리니타 다리Ponte Santa Trinita 사이에 위치한 산티 아포스톨리 교회Chiesa dei Santi Apostoli 주변에 장기판처럼 연결돼 있는 골목길과 좁은 도로들은 반드시 둘러봐야 해요. 이 길들은 한때 시내 중심지로써의 중세 도시적인 치밀한 조직감을 느끼게 해준답니다. 물론 예전에는 꽤 넓은 길이었죠. 게다가 인페르노(지옥), 림보(연옥)와 같이 단테를 연상시키는 이름을 비롯해 베네善(선), 봄바르데(석궁), 코르니노(뿔), 오로(황금) 등 거리의 이름도 중세시대를 느끼게 한답니다. 이 주변의 수공예 장인들 중에는 중세의 이미지를 이어가야 한다는 소명 의식을 가진 사람들도 있어요.

도 알게 될 거고요. 다들 여러분을 기꺼이 맞아주고 그들이 아는 것을 보여줄 겁니다. 골동품상이나 금속 공예가, 액자 제작자, 고물상 등 다들 자신들의 일과 사랑에 빠져 있죠. 그리고 아뇰로 거리Via dell'Agnolo를 돌면 나오는 보르고 알레그리 거리Via Borgo Allegri에 있는 디비나 피자Divina Pizza의 두 예술가-장인의 열정도 그에 못지않죠. 이 피자 장인들은 효모로 만든 피자로 여러분을 감동시키고 이 세상에 조금 더 관대해져야겠다고 생각하게 만들 거예요.

저는 피자는 피자집에서 만드는 것과 빵집에서 만드는 것, 이렇게 크게 두 종류로 나눌 수 있다고 생각합니다. 여기서는 두 번째, 제빵사들이 만드는 피자에 대해 이야기할 거예요. 피자 만드는 사람들(이탈리아어로 '피자이올로'라고 불러요)이 만드는 피자는 보통 둥글고 벽돌 위에 올려 불을 지핀 장작의 열기를 '격렬하게' 흡수하죠. 한편 제빵사들의 피자는 뜨겁게 달군 제빵용 오븐으로 들어가요. 불이 활활 타는 장작은 없지만 높은 온도를 유지해 베이킹 틀 속에서도 피자가 충분히 익는답니다. 두 종류의 피자가 비슷해 보일지 모르지만, 비교할 수 없을 정도로 달라요. 어쨌든 저는 두 가지 모두 좋아해요.

DECIMO

주연, 조연이 따로 없는 아름다운 익명의 공간을 누릴 수 있어요

피렌체에서는 옆에 유명 인사가 있어도 전혀 알 수 없다는 점을 기억해 두세요. 국무총리나 시장도 여기서는 그냥 세례명으로 불리기 때문이죠. 아첨하기 위해서가 아니라(피렌체에서는 아부나 아첨도 윤리적인 죄악이라고 본답니다) 자연스러운 모습을 보여주기 위해서예요. 여러분이 어느 작은 와인 바에서 안티노리Antinori 귀족 가문의 감미로운 레드 와인 한 잔을 마신다면, 옆자리에 프레스코발디Frescobaldi 가문 사람이 있을 수 있어요. 아니면 프레스코발디 가문의 와인을 마실 때 안티노리 가문 사람의 옆자리에 앉을 수도 있고요. 그리고 혹시 여러분이 너무 오만하게, 허풍쟁이처럼 말을 하고 손에 안내 책자를 든 채 이 도시의 아름다움을 보면서 오만한 태도로 그 영혼을 가지려 한다면 카포니Capponi 귀족 가문 출신의 누군가 다가와 경종을 울릴 수 있어요. 굳이 카포니 가문 사람이 아니라도 피오렌티노라면 누구나 언제라도 그럴 준비를 하고 있어요.

귀족이나 수공업자, 상인, 학생, 공연 감독, 배우, 건축가, 행정관, 혹은 놀기 좋아하는 한량까지 남녀노소를 불문하고 이 도시에서는 굳이 말을 하지 않아도 서로 통하는 게 있어요. 이곳에서는 다른 누군가의 재능은 개인의 재산인 동시에 인류 공통의 재산이라고 받아들이기 때문이죠. 조용히 여러분의 마음을 열어

피에르 카포니는 로렌초 데 메디치로부터 대사로 임명 받아 유럽을 순회했고 대단한 성공을 거두고 돌아왔어요. 이후 메디치 가문에 맞서는 파벌을 이끌어 결국 피에로 데 메디치를 피렌체에서 추방했죠. 피에르 카포니는 피렌체 공화국의 수장이 됐고 모범적인 정치 지도자의 표본이 됐어요. 또 한 가지 기억할 만한 일은 1494년 이탈리아를 침략하고 은둔 생활을 하던 피에로 데 메디치를 보호하던 찰스 8세와 협상을 한 것이랍니다.

찰스 황제가 "우리는 트럼펫을 불 것이다('내 군대를 당신의 도시로 진격 시키겠다'는 뜻이랍니다)**"라고 위협을 하자, 피에르 카포니는 단호하게 "그렇다면 우리도 종을 울릴 것이다"라는 대답을 했다고 합니다. 피렌체의 상징과 같은 말이 된 이 문장은 프랑스 군주에게 모든 시민이 단결해 끝까지 저항하겠다는 의사를 밝힌 거예요. 오랫동안 도시를 포위해 공격할 수는 없다는 것을 안 찰스는 자신의 요구사항들을 절충해 피렌체 공화국과 공정한 협정을 맺었죠. 그렇게 해서 프랑스 군대는 토스카나 주를 떠났고, 이후로 피에르 카포니는 직접 피렌체 군대를 이끌어 피사 사람들의 지원을 받던 반역의 주범들을 진압해요. 19세기, 우피치 미술관 Galleria degli Uffizi 외부에 마련된 벽감 속에, 피렌체를 빛낸 지도자들 옆에 피에르 카포니의 동상도 한자리 차지했답니다.**

보면 이 도시 사람들을 느낄 수 있을 거예요. 피렌체에서 가장 오랜 역사를 자랑하는 카라이Carrai 가문의 차를 마시면서 사색의 시간을 가져볼 수도 있겠죠. 기베르티 광장Piazza Ghiberti 22r번지에 있는 이 가문의 가게 '라 비아 델 테La Via del Tè'(이 세상의 모든 차를 아주 기쁜 마음으로 마셔 본 사람으로서 열정을 가지고 소개하는 겁니다)나, 산토 스피리토 거리Via di Santo Spirito에서, 혹은 콘도타 거리Via della Condotta에 최근에 개점한 찻집에서 마셔볼 수 있어요. 이렇게 차와 함께하는 고요한 시간을 갖게 되면 가끔 종소리가 들릴 거예요(카포니 가문에 지나친 피해를 줄 정도의 종소리는 아니에요).

이 종소리는 몬테도미니Montedomini라는 곳의 성당과 크고 작은 교회에서 흘러나오는 거예요. 피렌체 안에 있는 또 하나의 도시인 몬테도미니는 수 세기 동안 사람들이 어떻게 살아왔는지 그 역사를 보여주어 꼭 한 번 방문해봐야 하는 양장점과 창문 너머로 내다보이는 산미니아토San Miniato 언덕의 멋진 풍경, 그리고 '잊을 수 없는' 주민들이 있기에 반드시 알아둘 필요가 있는 곳이랍니다. 그리고 외로움에 사무쳤거나 경제적으로 어려운 상황에 놓인 노인들을 따뜻하게 품어 보호하고 있지요. 피렌체에서 들리는 종소리들은 종교적인 곳에서 울리는 것이기는 하지만, 종교와 상관없이 아주 세속적인 사람들을 위해 울리는 거예요. 자유롭다는 것에 행복을 느끼고 처음 만난 사람에게도 스스럼없이 곧바로 반말을 하는 사람들을 위한 것이에요. 물론 이들이 반말을 하는 것은 제대로 배우지 못해서가 아니라 가족 같은 친근함을 표현하기 위해서랍니다.

그래요, 피렌체는 여성이에요. 어머니이자 아내, 누이, 딸, 여선생님,

여류 예술가, 현명한 여인 같아요. 이 도시는 때로 남성들의 어리석은 부분들을 여성의 힘으로 발전시켜야 할 의무를 갖고 있는 것처럼 보이기도 하죠. 부드러우면서도 힘이 느껴지는 것이 최근 피렌체의 새로운 스타일이에요. 유태교 예배당과 이슬람 사원도 시장이나 산탐브로조 교회처럼 몇 백 미터 안 되는 거리에 있는데 이러한 종교단체끼리 서로 대화를 한답니다.

이렇듯 피렌체는 '성찰'이 필요한 곳이라는 이유로, 지금도 그렇고 앞으로도 항상 모든 이들에게 특별한 기회를 제공하는 곳이 될 겁니다. 아무런 소득 없이 서둘러 구경하고 지나치는 그냥 그런 관광지로 전락하는 일은 결코 없을 거예요. 여러분 자신에게 피렌체에 머무는 시간을 선물하세요. 기회가 되면, 되도록 자주 방문하세요. 그리고 하루든 평생이든 이곳에서는 열정적으로 사는 것이 첫 번째 목표가 되고, 잃지 말아야 할 행운의 기회가 된다는 점을 기억하세요. 예를 들어 보르고 핀티Borgo Pinti 22/24에 가면 '레 콜론네Le Colonne' 아틀리에에서 화가 잔프란코 멜로를 만날 수 있을 거예요. 정말 지식수준도 월등하고 친절하기까지 한 잔프란코 멜로는 예전에 조각가인 잠볼로냐의 공방이 있던 곳에서 작품 활동을 하는 장인(마에스트로)이랍니다. 그리고 레 콜론네 아틀리에에서 몇 미터만 더 가면 수공예 보석 상점과, 특히 엘레나라는 젊은 여성이 만든 작품들을 구경할 수 있어요. 엘레나는 동과 은을 섞어 만든 심플한 디자인의 보석으로 피오렌티노들뿐 아니라 타지에서 온 손님들의 마음까지 빼앗는답니다. 엘레나를 만나고 싶으면 '페시 케 볼라노Pesci Che Volano'라고 적힌 간판을 찾으세요.

일요일에, 특히 성탄절이나 부활절, 성세례요한(피렌체의 수호성인) 축일 같은 휴일에 피렌체를 방문하는 사람은 정말 운이 좋은 거예요. 정오와 저녁에 모든 교회에서 일제히 울리는 크고 작은 종소리가 펼치는 환상적인 연주회를 즐길 수 있거든요. 그 뿐이 아니죠. 조토 종루Campanile di Giotto와 16세기에 바치오 다뇰로가 미켈란젤로 광장 위쪽 언덕의 산미니아토 알 몬테 성당에 만든 종, 그리고 이 두 개의 종 사이에 있는 산타 크로체 교회의 종탑에서 경연하듯 울려 퍼지는 종소리들의 향연도 들을 수 있어요. 산타 크로체 교회의 종탑은 성 프란체스코의 바실리카 유적지에 있는데, 19세기에 가에타노 바카니가 만들었죠. 하지만 이 경연에서 이기는 쪽은 거의 항상 산미니아토 산 위의 올리베타노 수도회 신부님들이에요. 이 분들이 제일 마지막까지 종을 울리고 그 소리가 피에솔레Fiesole까지 전달되거든요.

CIBREO
FIRENZE

여름의 휴식

4인분

ANTIPASTO
'문지른' 토마토

(피렌체 사람들은 피렌체 음식이라고 하고 피사 사람들은 피사 음식이라고 하죠.)

1 토스카나 빵을 2센티미터 두께로 슬라이스 한 후, 4등분으로 자르세요. 잘라 놓은 빵조각들이 바삭해지도록 오븐에서 구우세요. 바삭한 빵 표면에 작은 마늘 한 쪽을 문지르는데, 되도록 분홍색 마늘을 사용하세요(꼭 분홍색 마늘이 아니더라도 어디서 자랐는지도 알 수 없는 알이 굵은 마늘은 사용하지 마세요).

2 이번에는 반 가른 토마토를 빵에 문지르세요. 빵 위에 토마토 조각이 묻어도 괜찮아요. 여름철 요리에서는 토마토의 흔적을 남기면 오히려 아주 뛰어난 연금술사가 된 듯한 기분이 들 거예요.

3 다시 한 번 설명하자면, 빵은 구워서 바삭거려야 하지만 약간 눅눅해도 상관없어요. 어쨌든 준비된 빵에 소금과 올리브오일을 뿌려 주세요. 대부분의 피렌체 사람들은 이때 아주 품질 좋은 올리브오일을 충분히 두른답니다. 혹시 신맛을 정말 좋아한다면 빵 전체에 식초를 몇 방울(몇 방울만 넣으세요) 뿌려도 괜찮아요. 마지막으로 바질 잎사귀 몇 장을 찢어 넣어 풍미를 돋워 주세요.

완성된 빵을 큰 접시 하나에 모두 담고 식사를 할 분들에게 손이 더러워져도 되겠느냐고 물어 보세요. 가끔 음식을 손으로 만지는 단순한 행동이 영혼을 정화하기도 하거든요. 아마 식탁에 모인 사람들 모두 금방 유쾌해질 거예요.

겨울에 이런 음식을 해야 한다면, 토마토나 식초 말고 푹 삶은 콩을 사용하면 돼요. 국물이 있어도 되고 없어도 괜찮아요. 병아리 콩도 좋고요. 혹시 어떤 그릇을 사용해야 할지 결정을 못하겠으면 그냥 여름용 디너 접시를 사용하면 돼요. 이 경우에는 바질 대신 적양배추를 조금 삶아서 잘게 썰어 올리세요.

주파 롬바르다**zuppa lombarda**라는 것도 있어요. 혹시 이 수프를 만들고 싶으면 삶은 콩을 국물과 함께 볼에 담고 그 위에 마늘을 문질러 구운 빵을 올리세요. 올리브오일과 금방 갈아 신선한 향이 나는 후추를 뿌리는 건 규칙처럼 생각하시면 됩니다. 여러분이 이 국물 있는 수프를 선택했다 해도 아직 피렌체 사람이 다 됐다고 볼 수는 없어요. 하지만 최소한 토스카나 문화에는 적응하고 있다고 볼 수 있어요.

주파 롬바르다는 예전에 토스카나 주로 포도 수확하는 일을 하러 온 롬바르디아 일꾼들에게 품삯으로 주던 음식이었어요. 아마 토스카나 지방 어디를 가도 이렇게 다른 지방의 이름이 붙은 음식은 찾아볼 수 없을 거예요. 어쨌든 한때 토스카나까지 와서 일하느라 일꾼들은 굉장히 허기가 졌을 테고, 아무래도 당시에는 빵이 딱딱했겠지만 넉넉한 국물에 콩까지 함께 먹을 수 있으니 상당히 만족스러운 음식이었을 겁니다. 물론 올리브오일은 넣었는지 알 수 없을 정도로 소량이었겠지만 말이죠.

PRIMO PIATTO

니피텔라를 곁들인 버섯 퓌레

1 포르치니 버섯은 여름 더위가 극성을 부리기 전인 6월, 그러니까 11월 초반 며칠과 같은 날씨일 때 볼 수 있는 버섯이에요. 이 버섯을 구했다면 일단 양파와 셀러리, 당근을 기름에 볶기 시작하세요. 재료들이 금색을 띠면 다진 마늘과 니피텔라, 약간의 후추와 페페론치노를 추가하세요. 니피텔라**nipitella**는 토스카나에서 자라는 야생 민트랍니다. 포르치니 버섯은 기둥을 제거하지 말고 통째로 충분히 넣으세요.

2 감자도 넣을 건데요, 전분 때문에 걸쭉해지지는 않고 풍미만 더할 수 있도록 버섯 1킬로그램 당 두 알씩만 넣어요. 올리브오일을 한 바퀴 둘러 부드러움을 더해 주시고요. 식감이 거친 것이 마음에 걸리면 푸드밀이나 믹서로 한 번 갈면 되죠. 제 경우 이 음식은 항상 전혀 조리하지 않은 버섯의 머리 부분을 얇게 저며 몇 조각 올린 후에 손님상에 낸답니다.

이 버섯 퓌레는 퓌레라고 부를 수 있는 수프 종류 음식의 대표적인 예라고 할 수 있어요. 여름이 깊어져 포르치니 버섯 철이 끝나고 주키니 호박이 많이 나오면 버섯 대신 호박을 가지고 똑같은 방법으로 조리해 차갑게 먹어도 됩니다. 그리고 니피텔라가 없으면 바질을 이용하세요.

그 밖에 다른 계절에는 시금치로 퓌레를 만들고 마지막에 리코타 치즈 한 작은술에 닭의 간을 다져 만든 페가티노**fegatino** 한 수저, 파르마산 치즈 가루 한 수저, 그리고 크루통을 넉넉하게 올려 보세요. 푸드밀이나 믹서로 갈기 전, 취향에 따라 약간의 넛맥을 넣어도 좋고요, 감자를 넣을 때는 항상 리코타 치즈도 몇 백 그램 정도 곁들이

도록 하세요.

22 amaretti, 아몬드, 달걀 등을 넣어 만든 작은 비스킷.

이 조리 방법으로 노란 호박에 리코타 치즈와 파르마산 치즈, 시나몬을 섞은 퓌레를 만들 수도 있어요. 이때는 마지막에 아마레티[22]를 작게 잘라 얹으세요.

같은 감자라도 물의 양이 넉넉한 수프를 끓일 경우 기본적인 채소, 그러니까 양파와 셀러리, 당근을 기름에 볶은 후 파슬리와 바질을 넣거나 약간의 니피텔라, 혹은 바질을 넣고 마지막으로 올리브오일을 큰 수저로 한 번 두르고 파르마산 치즈를 뿌리면 예상도 못한 감칠맛을 낼 수 있답니다.

23 tagliolini, 너비가 2밀리미터 정도인 국수.

버섯 퓌레가 두 컵 정도 남았다면 탈리올리니[23] 생면을 넣고, 이때도 생 버섯의 머리 부분을 얇게 썰어 올리세요. 그리고 올리브오일 한 수저와 작은 호두 알갱이 크기의 버터, 파르마산 치즈 한 작은술을 추가해 주세요.

여기 몇 줄 안 되는 이 방법이 제가 친구들 앞에서 으쓱거리는 비밀 레시피랍니다. 정말이에요. 그러니 여러분도 생선 퓌레와 500그램 정도의 스파게티가 있다면 한번 응용해 보세요. 생선 퓌레를 할 경우 여러분이 내키는 재료를 추가해도 좋지만 다진 페페론치노 고추와 껍질을 제거하고 듬성듬성 다진 홍합을 넣으면 레시피를 소개한 제가 흐뭇할 정도로 훌륭한 요리가 탄생할 겁니다.

다른 방식으로 한번 응용을 해보면 또 다른 방법도 해봐야죠. 퓌레 남은 것이 조금 더 있다면 옥수수 가루 두 주먹을 추가해서 아주 묽은 폴렌타를 만들어 보세요. 가끔 서늘한 바람이 부는 6월말의 어느 저녁에 이 메뉴를 선택한다면 아마 저한테 고맙다는 인사를 하게 될 겁니다.

SECONDO PIATTO
속을 채운 주키니 호박

1 호박은 반을 갈라 넉넉하게 소금을 푼 물에 데치세요. 그러면 수저로 속을 파내기가 훨씬 수월할 거예요. 파낸 속은 버리지 말고 한쪽에 두세요. 팬에 버터를 두르고 곱게 다진 적양파를 천천히 볶으세요. 양파가 금색을 띠기 시작하면 올리브오일을 몇 수저 추가해 주세요. 그다음에는 기름기도 없고 육질 좋은 다진 소고기를 넣어 볶아 주세요. 파내 두었던 호박의 속을 잘게 다지고, 고기가 밝은 갈색을 띠면 절반만 넣어 주세요. 주걱으로 잘 저은 다음 소금과 후추를 넉넉히 넣어 간을 하세요.

2 여기에 베샤멜[24] 소스(이 소스는 미리 만들어 두어야 해요)를 몇 수저만 추가하세요. 너무 많이 넣지는 말고요. 베샤멜라 소스가 없으면 약간의 우유와 진한 채소 육수, 셀러리, 바질을 넣어도 돼요. 되도록 이런 재료들을 넣으면 좋지만, 아무것도 없을 경우 그냥 전량을 우유로 대체하세요. 버터와 파르미지아노 치즈는 반드시 품질이 좋은 것으로 넣고요. 베샤멜에도 약간의 넛맥을 첨가해 주세요. 재료들을 전체적으로 섞다 보면 취향에 따라 조금 더 거친 것이 좋을 수도 있고, 채소가 다 뭉개져 부드럽지만 농도는 뻑뻑한 것이 좋을 수도 있을 거예요. 농도를 조금 더 진하게 하고 싶으면 이때 달걀노른자를 넣어 섞어 주면 됩니다.

3 아까 뜨거운 물에 데쳐 놓은 주키니 호박에 속을 채워 넣고 빵가루를 충분히 묻힌 후, 올리브오일을 넉넉하게 칠한 오븐용 그릇에 담으세요. 호박의 숨이 죽고 내용물이 푹 익도록 오븐의 열을 약하게 올리고 천천히 조리하세요. 마지막 단계에는 그릇을 그릴 아래로 옮겨 갈색이 돌게 하고 빵가루도 살짝 그을리게 하세요. 절대 뜨거운 상태로 상에 내지 마세요. 미지근할 때도 괜찮지만 차게 해서 먹는 게 제일 좋아요. 남성분이 이 요리를 배워 두면, 좋아하는 여성분이 조금씩 천천히, 하지만 계속 남성분에게 빠져들게 될 거예요. 이 요리로 여러분이 더 행복해질 수 있는 거죠.

바르젤로에서 이슬람 아트 컬렉션을 둘러보고 오셨나요? 그렇다면 조리법을 조금 변경해 보세요. 베샤멜라에 후추도 한 번 갈아 넣고 강황 한 작은술에 커민도 약간 추가해서 이슬람 요리인양 대접하면서 '스미르네[25]를 채운 주키니 호박'이라는 이름을 붙이세요.

하느님의 길은 끝없이 많다는 것은 세상 사람 모두 잘 알고 있죠. 하느님은 물론, 여러분이 숭배하는 신에게 앞서 소개한 주키니 호박 요리를 올릴 때는 새하얀 볶음밥, 즉 필라프가 있어야 해요. 당연히 우리 모두 흰쌀밥을 만들 줄은 알지만, 그냥 어느

24 bechamel, 부드럽고 크림 맛이 강한 흰색 소스.

25 smirne, 양파, 케이퍼, 올리브오일, 생크림 등으로 만든 소스.

정도 수준만 되면 만족하는 경우가 많아요. 하지만 같은 방법이라도 조리를 할 때 새로운 방법을 응용해 약간만 변화를 주면 뜻밖의 놀라운 결과를 얻을 수 있어요. 세상 모든 일이 변화를 주어야 발전이 생기죠. 특히 주방에서는 예상도 못한 결과를 얻게 될 때가 많아요. 피렌체는 여러분의 변화와 발전에 도움을 줄 겁니다.

무엇이든 직접 해봐야 믿을 수 있죠. 변화가 발전을 낳는다는 규칙은 어느 여름날 오후 2시경, 대부분 휴가를 떠나고 도시에 남은 사람들은 오후의 휴식을 즐기는 시간에 산책을 하면서도 확인할 수 있어요. 도심지를 벗어나 피안 데이 줄라리 거리**Via Pian dei Giullari**를 찾아가 보세요. 거기서 운이 좋으면 무화과나무를 볼 수 있을 거예요. 아마 그 시간이면 무화과나무는 햇빛 덕분에 취할 정도의 향기를 발산해 여러분의 '비밀스런 직관의 눈'을 뜨게 해줄 준비를 하고 있을 겁니다.

도시 한쪽의 한적한 거리를 거닐다 보면, 아니면 그냥 구글맵만 봐도 이 시골 마을이 도시의 한 자락에 어떻게 위치하고 있는지, 별을 관측하는 아르체트리 전망대**Osservatorio di Arcetri**가 얼마나 가까이에 있는지 금방 알 수 있어요. 이 전망대의 경우 온라인으로 주간이든 야간이든 방문 예약을 할 수 있답니다. 다시 갈릴레오 거리**Viale Galileo**로 돌아 나오면 겸손해지는 느낌이, 그것도 아주 기분 좋게 겸손해지는 느낌이 들 거예요.

CONTORNO
진짜 샐러드

여러분에게는 두 가지 선택권이 있어요. 첫 번째는 시내에 있는 시장 이곳저곳에서 다양한 샐러드 채소를 사다가 잘 씻어서 올리브오일과 발사믹 식초를 곁들이는 거예요. 하지만 뭔가 신비로운 경험을 하고 싶다면 카테리나 카르디아를 찾아 가세요. 카테리나는, 그녀의 말을 그대로 빌자면 피엔차**Pienza**에 있는 주인 없는 땅에 살고 있답니다. 풍요로운 숲과 전원의 여인 카테리나는 야생 부추와 거대 마늘 알리오네**aglione**를 비롯한 각종 채소를 구할 수 있어요. 모두 산과 버려진 계곡, 혹은 그녀만 아는 곳에 숨어 있는 자연의 선물이죠.

이 백인 마녀의 두 눈을 바라보면서 여러분은 또 한 번 두 갈래의 갈림길에 놓이게 될 겁니다. 카테리나에게 야생 채소 혼합 샐러드를 만들어 달라고 할 것인지, 그녀가 채소를 구하러 갈 때 동행하게 해달라고 할 것인지 선택할 수 있죠. 샐러드를 만들어 달라고 하고 싶다면, 돈을 지불하고 여러분과 함께 저녁 식사를 하자고 하세요. 그렇게 하면 어쨌든 그녀의 이야기를 들을 수 있는 자리를 마련할 수 있으니까요. 카테리나가 원하지 않으면, 여러분에게 차려 낼 채소를 세척하는 동안만이라도 옆에 있게 해달라고 하시고요. 두 번째를 선택할 경우, 여러분 스스로도 그녀의 열렬한 팬이 되고 있다는 것을 느낄 거예요. 카테리나가 여러분에게 선보일 수 있는 샐러드는 정말 무궁무진하겠지만, 그중에 몇 가지만 예를 들어 볼게요.

- 살구버섯, 테라크레폴로[26] 사자 이빨(민들레), 부리 수염(노랑보리패랭이꽃), 끈끈이풀, 트린치아렐라**trinciarella**, 마가목과 금잔화 꽃, 선드롭**sundrop**, 아욱꽃을 넣은 부드러운 샐러드
- 라디키오, 아마라고**amarago**, 치커리, 트린치아렐라, 엉겅퀴 뿌리와 보리지**borage** 꽃, 팬지꽃을 넣은 씁쓸한 샐러드
- 붉은 살구버섯과 양갓냉이, 초롱꽃, 마늘 겨자, 야생마늘꽃을 넣은 매운 샐러드
- 한련, 파라크레스,[27] 차조기, 금련화와 패랭이꽃을 넣은 양식 채소 매운 샐러드

26 terracrepolo, 국화과의 식물로 동절기에도 자생 능력이 뛰어난 야생 식물.

27 paracress, 초롱꽃목 국화과의 한해살이풀 또는 여러해살이풀.

DOLCE

여름에는 얼음 수박

후식으로 복숭아를 레드 와인과 함께 내고 싶으면 몇 시간 전에 미리 준비해서 냉장고에 넣어 두세요. 살짝 얼었을 때 훨씬 맛있거든요. 혹시 조금 더 피오렌티노답게 즐기고 싶으면, 점심 식사나 저녁 식사 후에 밖으로 나와 근처에 수박을 파는 곳이 있는지 찾아보세요. 성 조반니를 기리는 불꽃놀이를 구경 갈 때처럼, 각자 상황에 따라 찾으러 다녀 보세요. 예를 들어 저 같은 경우 자전거를 타고 계속 자전거 전용도로를 따라 카시네 공원**Parco delle Cascine**까지 갑니다. 도심을 뒤로 하고 아르노 강변을 따라 이어진 거리에 잠시 머물다가 이솔로토**Isolotto** 인도교를 건너 피오피 거리**Viale dei Pioppi**의 공터로 가죠. 이곳에 음침해 보이지만 사실은 굉장히 친절한 남자가 있어요. 지나가는 사람들에게 아주 맛있는 '얼음 수박'을 한 조각씩 건네죠. 우리 피오렌티노들은 빨갛게 잘 익은 수박으로 갈증을 달랜답니다.

SALE

피오렌티노가 되고 싶은 열 가지 이유

02

PRIMO

미켈란젤로 광장에서 새벽을 기다리기 위해서죠

몇 월을 선택할지 결정하세요. 어느 달이든 좋아요. 그리고 어느 날이든 햇살 가득한 날을 잡으세요. 새벽이 오기 전부터 브리오슈(이상한 일이지만 피렌체 사람들은 브리오슈를 '폴라케'라고 부른답니다)를 굽는 빵집을 몇 군데 들러 넉넉하게 빵을 구입하세요. 그리고 광장으로 향하세요. 산니콜로 거리 Via San Niccolò에서 출발하면 일단 몬테 알레 크로치 거리Via del Monte alle Croci를 지나 산살바토레 알 몬테San Salvatore al Monte라는 이름의 아담한 계단에 접어들게 될 거예요.

이 계단 꼭대기에 올라서면 오른쪽에 십자가의 14처를 상징하는 사당이 늘어서 있어요. 여기서 미켈란젤로 광장 근처로 연결되는 길을 건너면 가파른 계단이 한 번 더 나오는데, 이 계단이 산살바토레 알 몬테 교회의 숲으로 가는 지름길이에요. 이 교회는 로렌초 데 메디치가 델 오세르반자(시에나의 성 베르나르디노가 프란체스코회의 규칙을 조금 더 엄격하게 지키게 하려고 창설한 수도회예요) **수사들을 위해 짓게 한 수도원이었죠. 설계는 줄리아노 다 산갈로가 하고 건설은 크로나카[28]가 1499년부터 1504년에 했답니다. 이 검소한 르네상스 건축물에 하나밖에 없는 본당에 들어서면, 미켈란젤로가 왜 이 교회를 두고 애정을 듬뿍 담아 '나의 아름다운 시골 아가씨'라고 불렀는지 알 수 있을 거예요. 지금은 이 교회가 조금 외곽이기는 해도 도시와 가깝지만 미켈란젤로 시대에는 그 주위가 완전히 시골이었답니다.**

28 Cronaca, 1457~1508년, 이탈리아의 건축가.

교회 뒤쪽을 향하고 있는 길을 따라 200미터 정도 걸어가다 보면... 중세 분위기의 주택과 지붕들이 얼핏 보이는 듯하다가 어느 순간 갑자기, 여전히 어둠에 휩싸여 있기는 하지만 윤곽은 확실히 구분되는 건축물들이 나타날 거예요. 브루넬레스키가 만든 둥근 지붕과 아르놀포의 탑, 산로렌초 성당Cupola di San Lorenzo의 지붕과 조토의 종루를 비롯한 피렌체의 르네상스 양식 왕궁들이 눈앞에 펼쳐져 있을 겁니다. 엽서 속에서나 보던 풍경을 여러분의 두 눈으로 직접 보는 거예요.

여러분이 서 있는 위치에서의 각도와 높이 때문에 아주 특별한 전경을 감상할 수 있죠. 이 건축물들이 조용하게 '정지되어 있는 풍경'에 빠져 인간의 의지로 건설된 '시詩의 도시'가 가진 성실의 힘에 뿌듯한 마음이 폭풍처럼 밀려올 거예요. 이제 다시 가던 길을 가볼까요? 계단을 계속 올라가다 보면 왼쪽에 '조그만' 장미 정원이 있을 거예요. 여기도 돌아가는 길에

어머니가 저희 할머니 주디타 여사의 전화를 받은 시간은 아침 여섯 시였어요. 할머니가 시내로 건 마지막 전화였죠. "엘리아나, 아르노 강이 넘쳐서 시내로 범람하고 있단다!" 어머니의 대답은 간단했죠. "걱정 마세요, 어머니. 미렐라(할머니랑 같이 사는 제 사촌이었어요)는 이럴 때 신을 샹티(반짝이는 검은색 고무장화 이름이었어요)가 있잖아요." 물론 어머니는 그때부터 단 몇 시간 만에 6미터 높이의 물이 할머니가 사시던 루스티치 거리 6번지 바로 밑까지 차오르게 되리라고는 꿈에도 모르셨죠. 아버지와 저는 자동차를 타고 아르노 강의 상황을 보러 가려고 집을 나섰어요.[29]

다행히 어떤 사람이 저희가 철교(산니콜로 다리**Ponte San Niccolò**가 예전에는 쇠사슬로 연결돼 고정되어 있어서 철교라고 불렀어요)를 건너는 것을 막았죠. 만약 그때 그 다리를 건넜더라면 '아르노 강 저편'에 갇혔을 거예요. 시내 중심가가 물속으로 사라지는 광경을 지켜보던 아버지는 서둘러 차를 돌려 집으로 향했어요. 당시 저희는 만넬리 거리**Via Mannelli**에 살았는데, 철로 바로 옆길이었어요. 이 철로의 높은 담이 강물의 분노를 끝까지 막아주었죠. 우리가 주차를 하는 사이, 뒤에서 커다란 고무보트가 오고 있었어요. 모터가 위로 올라와 있는 보트였고 군인이 네 명 타고 있었죠. 어린 저도 심각한 상황이라는 것이 느껴지더군요. 집에 들어서자 어머니가 안도의 한숨을 쉬며 반겨 주셨어요.

잠시 후 우리 모두 창문에 매달려 강물이 2미터 이상의 높이까지 올라와 모든 것을 휩쓸어 가는 광경을 지켜봤어요. 방금 전에 아버지가 주차한 차도 무사하지 못했죠. 현실 같지 않은 고요함과 재앙에 대한 두려움이 저희 아파트 사람들 사이의 적대감을 모두 몰아내더군요. 다 같이 힘을 모아야 한다는 의지가 제가 사는 건물 전체에 퍼졌고, 이튿날부터는 온 도시가 단합을 하기 시작했어요. 그 어려운 시기를 겪은 사람들의 마음에는 아직도 힘을 합쳐 비극을 이겨냈다는 자부심이 남아 있답니다. 물론 그때 우리에게 도움을 준 전 세계 모든 사람들도 그렇겠죠.

들르던가, 다음에 따로 시간을 내든가 해서 꼭 한번 방문해 봐야 할 곳이랍니다. 미켈란젤로 광장에 도착하면 해가 정확히 동쪽에 위치할 때를 기다리세요. 이때 해의 모습을 보면, 아니 조금 더 정확히 말해 동쪽 하늘에 해가 걸리기 바로 전의 모습을 보면 누군가 아르노 강을 '은빛'이라고 표현한 이유를 알게 될 거예요. 물론 잠시 후에는 금색으로 변하고 말아요. 그리고 시간이 조금 더 흐르면 거의 '홍수'가 난 것 같은 색을 띠죠. 마치 언젠가는 죽음을 맞이해야 하는 우리의 운명을 유유히 흐르는 강물이 지켜보고 있다는 것을 상기시키려는 것처럼 말이죠.

29 1966년 11월 피렌체 대홍수로 인명 피해는 물론 많은 문화유산과 예술품 또한 심하게 훼손되었다.

왼쪽 끝에서 오른쪽 끝까지 한번 쭉 둘러보면, 천재적인 도시공학자들이 지상낙원과 같은 이미지를 풍기지만 고유의 특성은 잃지 않도록 설계한 도시를 관찰하게 될 겁니다. 베키오 다리와 바사리 통로Corridoio Vasariano, 우피치 미술관을 비롯해 벨베데레 요새Forte Belvedere에서 산니콜로San Niccolò까지 이어지는 유서 깊은 성벽과 함께 수많은 것들이 보일 거예요. 주위에 늘어선 언덕에서 불어오는 바람도 느낄 수 있을 거예요. 저희는 오래 전부터 날씨가 더우면 건축가 주세페 포지가 이탈리아의 수도 피렌체에 선물한 이 '새로운 장소'에 바람을 쐬러 가곤 한답니다. 포지는 이 주변을 산으로 에워싸려고 거의 모든 성벽을 포기했어요. 이렇게 성벽을 철거하기는 했지만 벽 장식이나 성상을 안치하는 감실監室을 비롯해 수 세기 동안 도시의 성벽에 붙어 있던 수많은 보물들을 잃을 수는 없었죠. 그래서 이 보물들을 모아 한 곳에 쌓았고, 또 이것을 감추려고 흙으로 덮다 보니 새로 언덕이 하나 생긴 거예요. 훗날 이 언덕에 미켈란젤로에게 헌정하는 광장까지 생겼어요. 그렇게 해서 위대한 건축가 포지는 그 누구도 이 공공유산을 건드릴 수 없을 거라고 확신할 수 있었죠. 하지만 언젠가 이 고대유산을 복구하려는 사람들이 나올 수도 있겠죠? 그러려면 당연히 복구 방법을 잘 알아야 하고 유적을 복원해 놓을 적당한 장소도 물색해야 할 거예요. 이런 준비가 되지 않으면, 힘든 결정이지만 후손들이 알아서 하도록 하는 편이 낫죠.

여러분이 방금 전까지 봤거나 상상만 했던 것들, 혹은 직접 관찰하고 사랑하게 된 모든 것을 잊지 않을 자신이 있나요? 그럼 이제, 혹시 장미 정원을 보고 싶으면 그쪽으로 발걸음을 돌리세요. 장미 정원 외에 또 가볼 곳이 있죠. 일단 산미니아토 알 몬테 성당과 바로 그 옆을 영원히 지키고 있는, 시적 감성이 묻어나는 묘지는 의무적으로 방문해야 해요. 거기서 여러분의 감성에 또 하나의 새로운 의식을 보태고 나면, 갈릴레오 거리를 지나 산레오나르도 거리Via di San Leonardo로 향하세요. 이 작은 길을 따라 가장 높은 곳까지 계속 올라가면 단 몇 분 사이에 페르미 광장Largo Fermi을 지나, 오토네 로사이[30]가 만든 이 세상 그 누구보다 강하고 관대한 그리스도상이 안치된 건물 앞에 서게 될 거예요. 이 안치실도 피렌체에서 따로 시간을 내 들를 만한 가치가 있는 곳이랍니다.

30 Ottone Rosai, 1895~1957년, 피렌체 출신의 화가. 이탈리아의 구상미술 회복을 주창하는 미술가집단 노베첸토(Novecento) 그룹의 일원이었다.

이제 지나온 길을 되짚어 다시 갈릴레오 거리를 통과하면 산레오나르도 거리로 돌아오게 되겠죠? 거기서 이번에는 내리막길을 따라 걸으세요. 러시아 음악가 차이콥스키가 살았던 집을 알리는 표시판을 지나면 벨베데레 요새에 도착해요. '벨베데레'는 전망이 좋다는 뜻이랍니다. 얼마나 대단한 전망인지 직접 확인해 보세요. 그래요, 저는 오래 전에, 해질 무렵이 벨베데레 요새는 페르디난도 1세 데 메디치 대공의 제안으로 건설된 요새예요. 당시 메디치 가문을 위해 일하던 건축가 베르나르도 부온탈렌티가 1590년부터 전략적으로 유리한 이 위치에 요새를 쌓고 그 꼭대기에 우아한 궁전도 하나 지었죠. 이 요새는 고대는 물론 현재에도 피렌체 전체와 주변 지역을 통틀어 가장 멋진 전망을 보여줘요. 아르노 분지에서 피에솔레와 세티냐노Settignano의 구릉지들, 그리고 프라토 지방을 향하고 있는 모렐로 산Monte Morello까지 수려한 경관이 한 눈에 보이죠. 산니콜로 지구의 포르타 산미니아토Porta San Miniato를 지나 오른쪽으로 올라가면 사람의 손이 닿지 않은 아름다운 13세기 성벽이 쭉 뻗은 길이 나올 거예요. 정말 황홀한 산책을 즐길 수 있는 곳인데 아는 사람이 별로 없죠.

면 경비원들의 눈을 피해 안에서 문을 잠근 벨베데레 요새에 숨어 들어가 잔디밭에 드러누워 밤을 보낼 수 있던 시절에 청소년기를 보낸 운이 좋은 세대예요. 불법이라는 느낌은 전혀 없었어요. 당시 저희가 어린 탓도 있었겠지만, 그곳에 있다는 것 자체가 자랑스러워 오히려 그렇게 하는 것이 당연하다고 믿었어요. 때로는 불순종이 합법적일 때가 있어요. 꽃의 자식이라기보다는 치옴피ciompi의 자식인 우리는 예전에도, 지금 이 순간에도 그렇게 생각한답니다. 원하든 원하지 않든, 말 그대로 어머니의 고향이고 재탄생, 즉 르네상스를 통해 모든 사람들의 생각을 다시 한 번 자유롭게 만든 이 곳에서 태어났기 때문에 그런 생각을 갖고 있는 거죠. 우리가 그런 생각을 갖는 이유는 이것만으로도 설명이 되잖아요?

중세 시대에 주로 양모를 빗질하고 손질하는 일을 하고 임금을 받는 노동자들을 '치옴피'라고 불렀어요. 사회 계층으로 따지면 거의 가장 아래 단계에 속하는 사람들이었죠. 다른 험한 직종과 함께 치옴피 노동자들도 예술이나 공예 관련 업체들 사이에서는 그 어떤 권한도 없었고 지역 정치 운영 문제에도 전혀 관여할 수 없었어요. 치옴피들은 1345년에 이미 한 번 항의를 한 적이 있었어요. 하지만 아무런 성과를 거두지 못했죠. 그러나 1378년 6월 24일 프리오리 궁을 점령하고 자신들의 연합의 권리를 주장하면서 정치 생활에 참여하게 해달라고 요구했어요. 이들의 반란은 상당히 긍정적인 결과를 낳았어요. 피렌체 공화국의 최고 집행자인 행정장관 곤팔로니에레를 선출하고 지역 내에서 가장 가난한 사람들이 가담한 세 개의 조합, 즉 치옴피 노동자 조합과 파르세타이(재봉사) 조합, 틴토리(염색하는 사람들) 조합도 결성했죠.

SECONDO

평범한 초콜릿 때문에라도...

시내 중심가 쪽으로 돌아올 때 산레오나르도 거리에서 내려오면 룽가르노 토리지아니Lungarno Torrigiani 거리에 도착하죠. 거기서 강의 난간에 기대 몸을 내밀어 보세요. 도시의 한 귀퉁이에서 베키오 다리와 우피치 미술관, 그리고 미술관 바로 아래 푸릇한 작은 잔디밭과 함께 광장이 하나 보일 거예요. 그곳에 피렌체에서 가장 오래 된 카누 동호회, 카노티에레 클럽이 있어요.

이 클럽에는 다음 기회에 들르도록 하세요. 작고 잔잔하고 옛 정취가 느껴지는데다가 진정한 피렌체의 박동하는 심장을 느낄 수 있을 겁니다. 몇 미터 위에서 경험한 것들은 잠시 잊게 될 걸요? 그리고 세계에서 가장 비싼 쪽방들이 들어가 있는 '피렌체의 다리(베키오 다리)'의 아치들을 보면 다시 현실로 돌아올 거고요.

강물을 등지고 다시 걸음을 재촉해 룽가르노 토리지아니로 돌아오면 로렌초 빌로레시의 홈아틀리에에서 창문으로 봤던 것을 다시 볼 수 있을 거예요. 하지만 이번에는, 몇 분 정도 쉬어가기 위해서라도 여러분의 바로 뒤에 있는 루터파 교회 옆 작은 정원 벤치에 앉아서 편안하게 감상하세요.

피로가 조금 가셨으면 다시 걸어 볼까요? 알레 그라지에 다리를 건너면 벤치 거리Via dei Benci가 나오고, 그 길을 따라 가다가 네리 거리Via dei Neri 쪽으로 돌면 시뇨리아 광장과 연결된 닌나 거리로 접어들 거예요. 아침 이른 시간, 광장이 아직 사막처럼 휑한 시간에 가면, 부지런한 어부가 만선으로 돌아오듯, 여러분의 감성의 그물도 감동으로 가득하게 될 겁니다.

리부아르Rivoire 카페에서 커피나 여러분이 원하는 메뉴를 즐기면서 또

한 번, 두 번째 휴식을 즐깁시다. 이 휴식은 절대 거부하지 말아야 할 의무예요. 저요? 저야 당연히 한 번도 이 휴식의 의무를 피한 적이 없죠. 특히 겨울에 우리 피렌체 사람들은 거의 '습관적'으로 찻잔에 담겨 나오는 핫초코를 즐기는데, 초콜릿에 약간의 물을 넣어 녹인 후(우리는 항상 물을 추가하지 우유를 넣는 일은 없어요) 단단하게 휘핑한 신선한 생크림을 듬뿍 올린답니다. 핫초코를 다 마시고 입 안에 아직 그 달콤한 여운이 남아 있을 때, 로지아 데이 란치Loggia dei Lanzi 회랑을 한 바퀴 돌면서 페르세우스의 헬멧 뒤에 있는 벤베누토 첼리니의 자화상에 인사도 한번 건네 보시고요. 일단 그의 작품을 보고 퉁명스러운 생김새를 보면, 굉장히 다혈질이지만 천재적인 면모를 갖추고 있었다는 사실을 알 수 있을 거예요.

로지아 데이 란치는 알렉산드로 데 메디치 공작이 숙사를 제공한 란지케네키(독일용병) 군대의 이름에서 기원된 겁니다. 1378년부터 1382년까지 건설된 이 회랑은 안드레아 오르카냐Andrea Orcagna가 설계했고 경험이 풍부한 건축가와 조각가들이 참여한, 혁신적인 피렌체 후기 고딕 스타일의 예를 보여주는 건물이에요. 공식 행사 개최를 위해 로지아 델라 시뇨리아Loggia della Signoria라는 명칭을 붙였지만 16세기부터 점점 야외 조각품 전시장이 되기 시작했어요. 현재 벤베누토 첼리니의 명작 〈페르세우스〉를 비롯해 잠볼로냐의 작품 두 점과 고대 로마 동상들, 드라마틱한 장면을 연상시키는 피오 페디[31]의 〈폴릭세나의 강탈〉을 감상할 수 있어요. 사실 이 광장 전체가 하나의 박물관이나 다름없어요. 바치오 반디넬리[32]의 〈헤라클라스와 카쿠스〉 조각상을 시작으로 바르톨로메오 암만나티[33]의 〈넵투누스의 분수〉 그리고 코시모 1세 데 메디치의 화려한 기마 동상까지 전시돼 있거든요. 잠볼로냐가 만든 이 청동상은 대리석에 얕은 부조 방식으로 우아한 장식을 넣은 높은 받침 위에 세워져 있답니다. 그런데 이 동상 앞에서는 조심해야 해요! 바로 그 자리에서 1498년 5월 23일에 도미니코회 동료 수도사 두 명과 함께 목이 잘려 화형을 당한 사보나롤라[34]의 순교를 기리는 대리석 원반이 바닥에 깔려 있거든요. 당시 이 처형은 루터 종교개혁의 전조를 알리는 사건이었죠. 그로부터 20년 후 루터가 로마 기독교를 뒤흔들며 냉철한 가톨릭 반종교개혁을 선도했답니다.

31 Pio Fedi, 1816~1892년, 이탈리아의 조각가.

32 Baccio Bandinelli, 1488~1560년, 이탈리아의 조각가이자 화가. 미켈란젤로의 영향을 받아 과장된 근육 표현이 특기였다.

33 Bartolomeo Ammannati, 1511~1592년, 이탈리아의 건축가이자 조각가.

34 Girolamo Savonarola, 1452~1498년, 수도사이자 종교개혁가. 민주적 개혁을 단행해 피렌체를 통치하려 했으나 교황이 이단이라 하여 화형에 처했다.

TERZO

논쟁할 가치가 충분한 불꽃놀이

아마 제가 6월 22일에 태어난 덕이겠죠? 저는 어릴 때부터 친구와 친척들과 함께 이틀씩이나 더 생일 파티를 즐기고 산조반니 축일 밤의 '불꽃'놀이를 바라보며 마무리했답니다. 피렌체에서는 이 멋진 불꽃놀이 공연이 끝나면 사람들이 두 편으로 나뉘어요. 마치 전통처럼 해마다 어김이 없죠. 한 편은 이전 해의 불꽃이 '훨씬 아름다웠다'는 생각을 가진 편이고, 다른 한 편은 '올해 같은 불꽃놀이는 이제까지 한 번도 못 봤다'고 목소리를 높여요. 양쪽의 기세는 거의 막상막하랍니다. 이렇게 편이 갈렸다고 해서 걱정할 것은 없어요. 그저 '나도 불꽃놀이를 봤다'는 말을 하려는 장난 같은 거니까요.

그래요, 피렌체 사람들은 예전부터 6월 24일 저녁이면 당연히 불꽃놀이를 봐야 한다고 생각해요. 어쩌다 못 보면 구경을 갔던 사람들에게 어땠는지 물어보기라도 하죠. 그러면 두 편으로 갈린 사람들은 저마다 각자 편을 들어 불꽃놀이에 참석하지 못한 사람들을 씁쓸하게 만들어요. 결국 불꽃놀이도 못 봤는데 피오렌티노에게 중요한 게임, 즉 '논쟁'에 끼어들지도 못하는 거죠.

이런 상황은 어디서나 벌어질 수 있으니 잘 기억해 두세요. 안 그래도 여러분에게 제안할 것이 하나 있었는데, 그걸로 예를 들어보죠. 저는 여러분에게 토르나부오니 거리Via de' Tornabuoni에 가서 이제 세계 어느 도시를 가든 한두 번 정도는 볼 수 있는 유명 상표의 쇼윈도를 구경할 것이 아니라 피렌체 시민들이 대대손손 정말 아름다운 추억을 쌓아 온 프로카치Procacci에 가보기를 권합니다. 하지만 누군가는 프로카치가 예전 같지 않다고 반박할 거예요. 사실 그렇기는 해요. 안타깝게도 최근에는 작은 탁자의 추억이 사라졌죠. 이제 그 좋은 토스카나산 와인을 선 채로 마실 수밖에 없어요. 만약 운이 좋아 접이식 좌석을 발견하면 젤라틴에 담근 닭고기를 주문하세요. 저는 오래 전부터 젤라틴 닭고기 아이디어를 훔쳐다 제 카페에서도 만들고 싶었답니다.

저는 이 유서 깊은 곳에서 영감을 받아 제 모든 작업 공간을 꾸몄어요. 제가 그 정도로 애착을 갖고 있던 곳이었는데 최근에 방문했을 때는 실망을 감출 수 없더군요. 정말 이런 말이 입 밖으로 불쑥 튀어나올 뻔 했어요. "그 우아한 탁자들을 치우자는 생각을 한 게 도대체 누구지? 영혼을 담은 인류의 작품처럼 우리가 지키고 보호했어야 하는 것인데!" 아마 여러분은 쇼윈도 안에 작은 의자들과 함께 놓인 탁자는 볼 수 있을 거예요. 하지만 그건 부질없는 일이라는 것을 알면서도 그저 순수하게 그곳에서 사라진 영혼을 일부라도 내비치려는 겁니다. 혹시 옛날 그 야외 탁자들을 다시 프로카치에 놓게 하려는 단체가 생긴다면, 제가 제일 먼저 가입할 거예요.

프로카치를 벗어나면 안티노리 광장Piazza Antinori 3번지에 있는 칸티네타 안티노리Cantinetta Antinori에 들러보세요. 세계적인 명품 브랜드들을

토르나부오니 거리는 안티노리 광장에서 끝이 납니다. 이 광장에 있는 안티노리 궁이 상당히 조화로운데, 1층에 위치한 칸티네타Cantinetta 레스토랑에서 잠시 재충전의 시간을 가지면서 1461년부터 1469년까지 줄리아노 다 마이아노[35]의 설계로 건설된 이 르네상스 저택의 정원을 마음껏 감상할 수 있어요. 왕궁의 맞은편은 완전히 대조되는 분위기죠. 그쪽에는 피렌체에서 가장 아름다운 바로크 양식의 교회 중 한 곳으로 꼽히는 산가에타노 교회Chiesa di San Gaetano가 있어요. 아니, 산티 미켈레 에 가에타노 교회라는 이름이 더 적절할 것 같군요. 이 교회는 테아티노 수도회의 주문으로 1604년부터 1683년까지 건축가들이 3대를 거치면서 완성했어요(부온탈렌티, 니제티, 게라르도와 그 아들 피에르 프란체스코 실바니). 이 교회 안에는 본당 하나와 양쪽에 소예배당들이 있는데 이곳의 실내 인테리어는 17세기 스타일의 완벽한 성공작이에요. 게다가 왼쪽 첫 번째 제단 위에 올려진 피에트로 다 코르토나[36]의 걸작 〈산로렌초의 순교〉를 포함해 당시 조각과 회화가 집대성되어 있답니다.

35 Giuliano da Maiano, 1432~1490년, 이탈리아 마이아노 출신의 조각가이자 건축가이다.

36 Pietro da Cortona, 1596~1669년, 이탈리아 코르토나 출신의 화가이자 건축가이다.

보고 싶으면 반대쪽에 산타 트리니타 다리Ponte Santa Trinita 쪽으로, 역사적으로 그 거리를 자기네 쇼윈도로 장악할 권리를 가진 상점 쪽으로 가보세요. 어떤 상점이냐고요? 바로 페라가모Ferragamo입니다. 제가 페라가모 매장을 그냥 '상점'이라고 낮춰 부르는 데는 다 이유가 있답니다. 거기서

얼마 떨어지지 않은 산타 트리니타 광장Piazza Santa Trinita 5r번지에 페라가모 상호를 그대로 건 박물관이 있거든요. 여성 분들은 당연히 들르지 않을 수 없을 것이고, 남성 분들은 마음에 품고 있는 여성을 위해 이 패션의 성지를 방문해 보면 좋을 겁니다.

QUARTO

아르노 강 건너...

37 Charon, 그리스 신화에서 죽은 자를 저승으로 건네준다는 뱃사공.

38 三途川, 단테의 신곡에 나오는 지옥의 강.

피오렌티노의 안내 없이 아르노 강 저편으로 가는 일은 베르길리우스나 카론[37]과 그의 배 없이 삼도천[38]을 건너는 것이나 다름없어요. 믿기 힘들겠지만 사실이에요. 피렌체 사람들이 가능한 많은 사람들에게 도시의 비밀스런 구석구석을 보여줄 때 들을 수 있는 재미있는 이야기와 우화들을 놓칠 수 있어요.

제 할아버지 이야기를 예로 들어 볼게요. 할아버지는 '아르노 강 저편'에 있는 산니콜로San Niccolò에서 태어나셨어요. 나중에 다리를 건너 강의 '이쪽 편'으로 이사를 하면서 "자, 이제 피렌체로 가자" 하고 말씀하셨죠. 할아버지가 결혼을 한 곳은 이쪽 편 '피렌체'였고 루스티치 거리 6번지에서 사셨어요. 그리고 할아버지가 운명과 작별한 곳은 그라지에 다리였어요. 할아버지는 '저 편'에서 '이 편'으로 온 분이셨죠.

제가 이렇게 두 편('저 편'과 '이 편')으로 구분하는 이유는 단순히 위치 때문만이 아니라, 일반적인 사람들의 사고방식 때문이기도 하다는 것을 기억해 두세요. 보통 '저 편'은 조금 더 냉정하고 분주하고 사람들의 발길도 잦죠. 반면 '이 편'은, 물론 이쪽도 사람들에게 인기는 있지만 항상 지혜와 예리함, 혹은 삶의 철학적인 면을 추구하는 경향이 진해요.

저는 이렇게 두 구역으로 구분했습니다만, 그 이상으로 구분될 수도 있을 거예요. 그러면 너무 복잡해지니까 간단히 정리해 드릴게요. 여러분이 가장 먼저 산타 트리니타 다리나 카라이아 다리Ponte alla Carraia를 건넌다면 산토 스피리토Santo Spirito나 산프레디아노San Frediano 지구에 도착하게 되는데, 이때 누군가와 동행하는 것이 좋아요. 카론보다는 베르길리우

서로 이웃해 있는 산토 스피리토와 산프레디아노는 설계학적인 직물 생산으로 현재까지도 귀족 동네와 서민 동네의 교차점으로 통해요. 산토 스피리토 지역에는 나무들이 줄지어 있는 같은 이름의 광장에 산토 스피리토 아우구스투스 교회Chiesa Agostiniana di Santo Spirito가 우뚝 솟아 있어요. 이 교회의 실내 인테리어는 필리포 브루넬레스키의 유작이랍니다. 이 교회 바로 전에는 산로렌초 교회의 바실리카 대성당을 맡았는데, 그때는 그의 전형적인 르네상스 교회 스타일이 그대로 담겼었죠. 그러나 사망하기 두 해 전인 1444년부터 시작된 아우구스투스 교회에서는 자신의 스타일을 더 발전시켜 전보다 훨씬 더 역동적인 이미지를 연출했어요(그런데 이상하게 두 교회 모두 정면이 어떤 상태였는지 예상할 수 없는 상태로 남아 있어요). 그다음으로 산타 마리아 델 카르미네Santa Maria del Carmine 성당에도 의무적으로 들어가서 그 유명한 브란카치 예배당Cappella Brancacci을 감상하셔야 해요. 벽면 전체가 성경 이야기를 주제로 한 벽화로 장식되어 있는데, 당시 이제 막 발전되기 시작한 르네상스 회화에 서술적인 표현 방식의 시초가 되고 구성과 스타일, 인물의 형태 등도 영향을 끼쳤죠. 마사초[39]의 야심작(훗날 바사리는 '세상 이야기'라고 평가했어요)이었던 이 벽화는 1424년부터 1428년까지는(1428년에 마사초가 젊은 나이에 세상을 떠났죠) 마솔리노[40]와 함께 작업하고, 1480년 이후 필리피노 리피[41]가 맡아 완공됐어요. 어쨌든 절대 잃을 수 없는 작품이죠. 오른쪽 회랑에 위치한 이 예배당(정면에 코르시니의 바로크 양식 예배당과 함께)은 1771년 화재가 발생해 교회가 폐허가 됐는데도 기적처럼 화를 면했어요. 현재의 형태는 화재 사건 3년 후 재건된 것이랍니다.

스 같은 동행자와 함께 해야 여러분을 지옥이나 연옥으로 안내하지 않고 피렌체를 가장 생생하게 드러내는 장소를 보여줄 수 있을 거예요. 안내자 역할은 지식이 풍부하고 재치도 있고, 가능하면 이곳에서 태어났거나 오래 살았던 사람이어야 해요. 그래야 여러분에게 자기들이 아는 놀라운 상점들을 알려줄 수 있을 테니까요.

좋은 길잡이와 함께 하게 됐다면 앞서 말한 동네에서 골동품 상인들과 식당 주인들, 제빵사, 와인 제조업자들, 이 도시에서 가장 진한 커피를 뽑는 바리스타들을 만나 보세요. 피렌체 커피가 진한 것은 이탈리아 남부 사람들이 이곳에 이주해 뿌리를 내린 지가 그다지 오래 되지 않은 덕이죠.

여기서 의무적으로 방문해야 할 곳이 있으니 기억해 두세요. 바로 로렌초 바르톨리니 거리Via Lorenzo Bartolini 4번지에 있는 '안티코 세티피치오 피오렌티노Antico Setificio Fiorentino(옛날 피렌체 실크 공장)'랍니다. 금사와 붉은 실크, 알록달록한 실패들이 일찍이 레오나르도 다빈치의 천재성을 알아 본 구식 직조기 속에서 마술을 부리듯 서로 얽히고 있을 거예요.

39 Masaccio, 1401~1428년, 회화에서 원근법을 사용하여 그림을 그린 최초의 화가.

40 Masolino, 1383~1447년경, 고딕 양식을 신봉한 화가이며 마사초의 스승이다.

41 Filippino Lippi, 1457~1504년, 프라 필리포 리피의 아들로 부친과 보티첼리에게 그림을 배웠다.

CIBREO
FIRENZE
Fabio Picchi

가을의 휴식

4인분

ANTIPASTO

마렘마나 미니 샐러드

(미니 샐러드라는 이름을 붙인 이유는 제가 피렌체 사람이라 이 샐러드의 소스를 허기가 질 때 먹는 간식에도 사용하기 때문이에요.)

1 작은 마늘 한 쪽을(되도록 분홍색 마늘을 사용하세요) 작게 다져 큼직한 커피 잔에 담고 품질 좋은 올리브오일을 반 정도 채우세요. 토스카나산 프로슈토 햄을 4밀리미터 간격으로 저민 후 기름과 살코기 부분 모두 사각형으로 작게 자르세요. 반건조 페코리노 치즈도 프로슈토 햄과 같은 크기로 자르세요.

2 올리브오일에 잘라놓은 햄과 치즈를 넣고, 호두를 열 개 정도 준비해 껍질을 제거하고 잘게 다져 넣으세요. 흑후추도 넉넉하게 갈아 넣으시고 약간의 오레가노와 레드 와인 식초 아주 작은 티스푼으로 한 술 넣으세요.

이제 신선한 빵과 품질 좋은 키안티**Chianti** 와인을 함께 차려 내시면 됩니다. 손에 기름을 묻혀가며 먹는 재미를 느껴보세요. 이 소스에서 피렌체의 입맛도 느끼고 농부와 정육업자, 목축업자들의 노고를 한 번에 떠올려 볼 수 있을 거예요.

PRIMO PIATTO

'피아체시' 수프

1 기름 둘러 달군 팬에 셀러리와 당근, 양파를 넣고 금색에서 구릿빛이 될 때까지 볶으세요. 양파가 갈색을 띠기 시작하면 마늘을 넣고 몇 분 더 볶으세요. 토마토를 아주 조금만 넣고 불을 줄여 수분이 날아가도록 몇 분 더 가열하면서 후추와 페페론치노 고추를 넣으세요.

2 부추와 셀러리, 당근, 양배추와 감자를 여러분이 원하는 크기로 자른 후 팬에 넣고 이 채소들이 삶길 정도로만 물을 추가하세요. 저는 소시지도 하나 정도 넣는데, 주로 3인분을 준비해서 수프 접시 하나씩 세 개를 넣죠. 이 레시피는 4인분 기준이니까 네 접시에 하나씩, 총 네 개를 넣으면 돼요.

3 재료들이 익는 동안 냉장고에 굴러다니던 파르미지아노 치즈의 껍질 부분을 찾아서 소생시켜 봅시다. 칼날 부분으로 치즈의 껍데기를 대충 잘라내고 수프에 넣으세요. 그리고 먹다 남은 삶은 고기도 잘게 썰어 넣어 주세요. 삶은 고기가 하나도 없으면 거세한 닭을 4분의 1마리 정도 넣어도 아주 만족스러운 맛이 날 거예요. 그런데 끓이는 동안 살과 뼈가 으스러지니까 망에 넣어서 담가야 국물이 우러난 후에 다시 꺼내기 편해요. 국물을 우리고 난 닭고기는 잘게 다져서 다시 국물에 넣을 거예요. 식탁에 내기 전에 적어도 한 시간은 숙성시키도록 하세요. 소시지에 소금이 얼마나 첨가 되었는지에 따라 달라지겠지만, 마지막에 소금 간을 하셔야 할 거예요.

세르조 피아체시는 저희 아버지의 기계 수리공 이름이었어요. 피렌체에서 가장 서민적인 거리 중 한 곳인 보르고 알레그리에서 나고 자란 분이었죠. 그 분은 친절하고 너그러운데다가 무엇이든 고칠 줄 알았어요. 시종일관 미소를 머금고 기계가 어떻게, 왜 고장이 났는지 자세하게 설명까지 해주셨죠. 그런데 불행하게도 작업 중에 아주 심각한 사고를 당해 운명을 달리할 수밖에 없었어요.

이곳 피렌체 사람들이 브루치아토(숯검댕이)라고 부르던 세르조 씨는 1979년 4월, 제가 치브레오 식당을 열 때 이 레시피를 선물로 주셨어요. 그리고 '고급' 요리나 '저급' 요리를 구분하는 기준은 없다고 말씀하셨어요. 풍성하고 맛있는 요리는 있지만, 그건 지적인 체 하거나 유행을 따르는 일이 흔한 소위 '고급' 요리와는 엄연히 다르다고 가르쳐 주셨어요. 우리 피렌체 사람들은 뻔뻔스러울 정도로 정직하고 진실하고 본능적이에요. 지나치게 지적인 체 하거나 쓸데없이 개념을 따지지 않아요. 그저 원초적인 것에 관심을 둘 뿐이죠.

SECONDO PIATTO

닭간과 시금치, 파르미지아노 치즈 테리나

(채식주의자와 비채식주의자를 위한 포르치니 버섯 버전 포함)

우리는 가끔 눈앞에 항상 있는 것을 엉뚱한 데서 찾아 헤맬 때가 있죠. 제 경우 이 레시피가 그랬어요. 제가 어릴 때 어머니가 일요일마다 해주셨던 음식인데 최근에서야 저희 식당 메뉴에 추가했거든요. 4인분 정도의 양을 준비해 볼 거예요.

1 분홍 마늘 두 조각을 편으로 얇게 썰어 올리브오일을 네 큰술 둘러 달군 팬에 넣고 볶으세요. 마늘이 금색을 띠면 잘게 찢은 세이지 잎 네 장과 약간의 로즈마리를 넣으세요. 토스카나산 프로슈토 햄 40그램을 편으로 썬 후 잘게 잘라 마늘을 볶던 팬에 넣으세요. 팬에서 소리가 날 정도로 불을 세게 올리고 30초 미만으로 볶으세요. 닭의 심장에서 간을 여덟 개 떼어내고, 심장은 편으로 썰어 팬에 넣고 재빨리 익히세요. 이번에는 닭의 간을 조심스럽게 반씩 갈라 팬에 넣고 다른 재료들과 함께 익히세요. 이때도 가열 시간이 2분을 넘지 않아야 하고 저을 때도 계속 살살 하셔야 해요.

2 불을 끄고 필요하면 약간의 소금으로 간을 맞추세요(프로슈토 햄의 염도를 고려해서 간 하세요). 시금치 500그램을 끓는 물에 데쳐 잘게 썰고 달걀 네 개와 파르미지아노 치즈 가루 80그램, 미리 삶아서 깍둑썰기 해놓은 당근 한 개, 그리고 천연발효 빵(되도록 품질이 좋은 빵을 사용하시는 게 좋아요) 한 조각을 준비해 딱딱한 부분은 떼어내고 역시 주사위 모양으로 잘라 주세요.

3 준비한 모든 재료를 큰 볼에 담아 섞은 후 소금으로 간을 하세요. 아마 싱거울 거예요. 푸딩용으로 많이 쓰는 일회용 알루미늄 용기 안쪽에 버터 칠을 하고, 빵부스러기를 낮은 불에서 천천히 구워 만든 빵가루를 묻힌 후(이때도 빵이 맛있는 것이어야 해요) 섞어 놓은 재료를 나눠 담으세요. 윗부분에도 빵가루를 얇게 한 겹 덮어 주세요. 140도의 오븐에서 20분간 구우세요. 칼을 이용해 조심스럽게 틀에서 빼내 식탁에 올릴 그릇에 뒤집어 놓은 후, 파르미지아노 치즈로 만든 맛있는 베샤멜 소스를 세 큰술 얹으세요.

채식 버전으로 만들 경우, 프로슈토 햄과 닭의 심장, 간을 빼고 중간 크기의 포르치니 버섯 두 개의 머리 부분을 넣으세요.

버섯이 제철이 아닐 때엔 말린 버섯 100그램을 물에 불려 사용해도 아주 훌륭한 맛을 낼 수 있을 거예요. 버섯을 불릴 때 사용한 물은 버리지 말고 체에 걸러 혹시 남았을지 모를 흙을 제거한 후 베샤멜 소스의 양을 늘릴 때 사용하세요. 물은 아주 조금만 넣는데, 끓이면서 수분이 줄어들 수 있어요. 이때는 우유를 아주 조금만 넣으면 됩니다.

CONTORNO

별명이 '단티노'인 네치 씨의 감자

(네치 씨의 별명이 작은 단테라는 뜻의 '단티노'예요. 덩치가 작아서이기도 하지만, 무엇보다 단테 알리기에리와 코가 판박이처럼 똑같이 생겨서 생긴 별명이랍니다.)

미리 삶아 놓은 감자를 1센티미터 두께로 자르세요. 감자에 밀가루를 묻히고 프라이팬에 올리브오일을 한 바퀴 두른 후 감자를 넣고 뒤집어가며 양면 모두 노릇하게 익히세요. 이 '아메리카네(아메리카 스타일)' 감자를 조심스럽게 접시에 옮겨 담으세요. 이 요리를 아메리카네라고 부른 사람이 바로 네치 씨예요.

네치 씨는 처음에는 토스카나산 검은 양배추로 맛있는 소스를 만들어 이 감자 요리와 함께 먹었어요. 검은 양배추는 11월 첫서리가 내리고 난 후부터 부드러워지는데, 잎을 제거하고 재빨리 익혀야 하죠. 삶은 양배추에 갓 짜낸 신선한 올리브오일 몇 수저에 마늘 한 쪽과 소금, 후추를 적당히 넣고 갈기만 하면 돼요. 네치 씨는 이 양배추 퓌레를 만들 때마다 "우리는 검은 케첩을 먹는다"라고 말하고는 했답니다.

옆에서 누가 보는 사람이 없다면, 감자를 맛있는 버터에 튀기듯 익혀도 됩니다. 이 상태로도 이미 충분히 맛있지만, 검은 양배추 소스 대신 파르미지아노 치즈를 갈아 올려 접시 째로 오븐에 살짝 넣었다 먹을 수도 있어요. 이렇게 할 경우 치즈가 살짝 녹는 듯만 하면 되니까 1분만 가열하시는 게 좋아요. 그리고 필요할 경우, 입맛에 맞게 소금과 후추로 간을 하세요.

DOLCE

영혼을 위한 비밀스런 '줄레베'

여러분이 피렌체 사람이 다 됐는지 안 됐는지는 찰도니[42]와 함께 휘핑한 생크림을 얼마나 맛보고 싶어하는지를 보면 알 수 있어요. 찰도니는 집에서는 만들 수 없지만, 어느 정도 규모가 있는 식료품 상점에서는 거의 판매를 하고 있으니 그리 비싸지 않은 가격에 구입할 수 있을 거예요.

42 cialdoni, 동그랗게 말아 놓은 웨이퍼 쿠키.

생크림을 올리는 방법은 다 똑같지 않은데, 기계를 이용해서 휘핑을 하더라도 여러분의 손이 한 번 더 가야 할 거예요. 기계로 휘핑을 한 후, 마지막으로 손으로 거품기로 힘차게 저어주세요. 하지만 언제까지 저어야 할지 잘 모르면 물이 되어버리거나 뻑뻑해지고 말죠. 휘핑을 너무 많이 하면 덜 저었을 때보다 더 좋지 않아요. 매끄럽지도 않고 고급스러운 크림으로 사용할만한 고급스러운 식감이 느껴지지 않죠. 간단하지만 연습을 통해 적당한 시간과 힘을 조절하는 법을 터득해야 완벽한 크림을 만들 수 있어요.

가족들과의 편안한 식사 자리라면, 카센티노**Casentino**나 무젤로**Mugello** 지역에서 자란 밤을 시럽에 절인 것과 주세페 보베(이름이 갖는 힘이 참 대단하네요. 주세페는 성서 속의 목자 '요셉'의 이탈리아식 이름이고, 보베는 '소'예요. 그래서인지 성탄절에 장식하는 구유 모형이 떠오르네요.)가 수확한 꽃가루를 크림 위에 올려 보세요. 주세페의 꽃가루에 대해 조금 더 설명해 볼게요. 그는 벌이 들어 있는 벌집을 등에 지고 오염되지 않은 숲으로 들어가 야생화를 찾아다닌답니다. 누가 보면 거의 미친 사람 같지만, 저는 주세페를 비롯해 제가 사는 이곳의 수많은 미친 사람들을 만나는 일이 무척 영광스러워요. 어쨌든 주세페는 두 팔 벌려 여러분을 환영하고 친절한 설명과 함께 그가 그토록 좋아하는 벌의 세상으로 안내할 거예요. 여러분은 그렇게 관대한 영혼을 가진 사람을 또 한 명 알게 될 것이고, 다른 사람들은 잘 모르는 토스카나의 한 부분을 경험하게 될 겁니다.

QUINTO

시간 개념이 없는 사람은 축복받은 거예요

고고학 박물관을 나서면 잠깐 쉬면서 귀도 디 피에트로Guido di Pietro라는 사람과 이야기를 나눠 보세요. 저보다는 그 사람에게 조반니 다 피에솔레 Giovanni da Fiesole의 작품을 보러 가야 할지 물어보는 게 나을 거예요. 이 성스러운 예술가는 겸손을 실천하는 데 한 평생을 바쳤고 그림 속에서 스스로를 베아토 안젤리코Beato Angelico로 변신시켰어요.

조반니 다 피에솔레의 본명은 '귀도 디 피에트로'예요. 그런데 나중에는 '베아토 안젤리코'라 불렸죠. 신성한 한 사람의 예술가의 이름이 세 개였던 거예요.[43] 우리 피렌체 사람들은 이 예술가에 대한 이야기를 하는 것만으로도 자랑스러운데, 산마르코 박물관Museo di San Marco에 살면서 일도 했어요. 그 박물관에서부터 그가 아주 잘 알던 길을 따라 가보세요. 7번 버스를 타고 피에솔레 방면으로 가면 돼요.

43 초기 르네상스 시대 제단 화가인 귀도 디 피에트로는 1420년경 피에솔레에 있는 산도메니코 수도원에서 수사가 되어 '프라 조반니'라는 이름을 얻었다.

최근에는 이 노선을 운행하는 전차도 생겼어요. 이탈리아 최초의 전차죠. 지금도 처음 개통을 할 때와 마찬가지로 산마르코 광장에서 출발해 피에솔레까지 운행해요. 여기서 고대 로마노 극장과 에트루리아 유적을 구경한 후 산프란체스코 수도원Convento di San Francesco에 꼭 들르세요. 위에서 내려다보는 피렌체의 풍경은 훨씬 더 장관일 거예요. 그리고 베키아 피에솔라나 거리Via Vecchia Fiesolana로 연결되는 내리막길로 걸어 내려오세요. 산도메니코San Domenico까지 오면 살짝 방향을 틀어 오른쪽에 바디아 데이 로체티니 거리Via della Badia dei Roccettini로 들어가세요.

조금 걷다 보면 1025년에 축성된 바디아 피에솔라나 수도원에 도착할 거예요. 현재는 유럽연합대학원European University Institute으로 사용하고 있는 건물인데, 저는 이제까지 살면서 이렇게 감동적인 외관을 자랑하는 교회 건물은 처음 봤어요. 이곳의 광장에 서 있으면, 대학원에서 걸어 놓은 깃발들이 방정맞게 나부끼기는 하지만, 그 누구라도 영혼이 평온해지는 것을 느끼게 될 겁니다. 베키아 피에솔라나에서 10미터 떨어진 곳에서 마리아 카시가 태어났답니다. 연기력과 예술의 깊이를 찾은 곳도 그 지역이고요. 저를 잘 아는 사람들은 제가 마리아 카시의 예술 세계를 얼마나 좋아하는지 알죠. 마리아 카시가 온 세상을 웃게 만드는 능력을 키운 곳이 바로 거기예요. 어릴 때부터 어른들이 재미있는 이야기를 해달라고 했다더군요. 어쩌면 마리아 카시는 예전은 물론 지금까지도 모든 예술가들의 수호자로 영면에 들어가기 전에 이 수도원의 수도원장을 지낸 조반니 안젤리코 수도사의 사랑을 계속 받고 있는지도 몰라요.

피렌체로 돌아와서 아름다운 산도메니코 거리Via di San Domenico로 들어가지 않으려면 여러분의 오른쪽에 조반니 보카치오 거리Via Giovanni Boccaccio 입구를 지나 피아추올라 거리Via della Piazzuola로 들어가세요. 그럼 길의 양옆에 수공예로 장식된 아기자기한 벽을 구경할 수 있을 거예요. 그 길을 지나면 알렉산드로 볼타 거리Viale Alessandro Volta가 나오는데, 오른쪽으로 고개를 돌리면 생동감 넘치는 시장과 역사 깊은 구이 전문 식당 알포 로티세리Rosticceria Alfo를 비롯해 각종 상점들이 즐비한 낡은 피렌체의 서민 지구 쿠레Cure가 있죠. 거기서 여러분은 당일 여행을 온 사람들은 그 모습을, 도시의 한쪽에서 벌어지는 지극히 일상적이지만 너무 아름다운 삶의 모습을 놓칠 것 같다는 생각을 하게 될 거예요. 이제 마지막으로 한 번 더 기운을 차리고 밀레 거리Viale dei Mille를 지나 니노 빅시오 거리Via Nino Bixio로 가세요. 거기에 바디아니라는 젤라토 가게가 있을 거예요. 빨리 피오렌티노가 되고 싶다면, 비볼리는 물론 이 젤라토 가게에도 꼭 들러봐야 한답니다.

꽤 오랜 시간을 걸어와 갈증도 나고 허기도 지겠지만 조금만 참으세요. 여러분이 원하는 맛을 선택하기 전에 일단 '부온탈렌티'를 먹어봐야 해요. 콘과 컵 등 각종 용기에 담긴 부온탈렌티를 다 맛봐야 하지만, 특히 요요(웨이퍼 두 개로 샌드위치처럼 만든 건데 아마 이 맛이 여러분의 유전자까지 바꿔놓을 거예요)는 여러분의 모든 미각을 동원해서 드셔야 해요. 젤라토를 먹으면서 주위를 한번 둘러보세요. 여러분이 운이 좋다면 그 가게에서 마리아 카시를 볼 수 있을지도 몰라요. 마리아 카시가 부온탈렌티를 엄청나게 좋아하거든요!

피에솔라나 수도원 근처에 피에솔레 쪽으로 올라가는 길을 따라가면 산도메니코 교회 앞에 도착할 거예요. 수도원도 있는 이 교회는 1406년에 공사를 시작해 1635년에 마테오 니제티가 현관을 세웠어요. 이 교회에는 15세기부터 18세기 전체를 아우르는 다양한 예술작품은 물론 피렌체의 대주교 안토니노 피에로치('성 안토니노'라는 이름으로 더 많이 알려져 있죠)와 화가 도메니카노 베아토 안젤리코(조반니 다 피에솔레 수도사)가 거주했던 역사적인 기록이 있는 곳이에요. 도메니카노 베아토 안젤리코는(연령대가 비슷한 마사초와 함께) 피렌체 르네상스 초반의 주역이었답니다. 그의 예술에 대해 조금 더 자세히 알고 싶다면 도메니코회 수도원이 딸린 산마르코 대성당에 가보시면 됩니다. 산마르코 광장에 있는 이 수도원은 코시모 일 베키오 데 메디치의 주문으로 미켈로초[44]가 1437년부터 전체적으로 재건축 했답니다. 박물관을 비롯해 성 안토니오의 회랑 주위의 복도 세 곳과 사제들의 방에 성경 내용을 주제로 한 벽화들은 타의 추종을 불허하는 베아토 안젤리코 작품 세계의 집대성이라고 할 수 있어요.

44 Michelozzo di Bartolommeo, 1396~1472년, 건축가, 조각가.

SESTO

축구 팬이신가요? 적어도 하루쯤은 열성팬이 되어 보세요

사실 저는 특별히 축구팬이라고 할 수는 없는 사람이지만, 겨울이면 가끔 모자와 목도리로 무장하고 보라색을 신봉하는 집단 의식에 동참한답니다(피렌체 축구팀의 색이 보라색이에요). 아르테미오 프란키 경기장Stadio Comunale Artemio Franchi에서는 앞으로 몇 년 동안 계속 국내 축구 선수권 대회가 개최될 거예요. 간혹 난폭한 팬들이 있기는 하지만 피오렌티노들은 유벤투스[45]와 벌일 언쟁 외에는 그 어떤 것도 두려워하지 않아요. 어쨌든 경기장에서 따라 부를 합창의 뜻은 알아두어야 해요.

1929년에 초석을 쌓은 우리의 아름다운 축구 경기장은 엔지니어 피에르 네르비[46]의 작품이라는 점을 기억하세요. 그는 이 경기장을 건설하면서 수많은 기록을 세웠고 지금까지도 타의 추종을 불허하는 것들이 많아요. 예를 들어 아르노 강의 돌로 만든 잔디밭 배수로는 유럽 전체가 부러워할 정도이고 나선형 계단의 미적 감각은 파시즘 정권의 몰락과 함께 다가 올 미래를 꿈꾸게 했죠. 해방 직후 동맹군 사령부는 이 경기장에 참호를 두고 육상이나 복싱 경기를 개최하는 용도로도 사용했어요. 그리고 경제가 호황의 절정에 이르러 미래를 설계하고 환상도 품게 됐을 무렵, 정확히 1954년 10월 27일 오후 2시를 갓 넘긴 시간, 경기를 보기 위해 모인 모든 축구 팬들이 경기장을 향해 날아오는 수많은 비행 물체를 목격했어요.

하늘에서 이상한 솜 같은 것까지 비처럼 쏟아지고 있어서 심판이 경기를 중단할 수밖에 없었어요. 유벤투스 팀의 공격이라고 생각하는 사람도 있었지만 그건 아니었어요. 토리노 사람들은 자기들이 벌인 일이 아니라

45 Juventus FC, 연고지가 토리노(Torino)인 이탈리아의 프로축구클럽. 세리에 A에서 27회 최다 우승한 최고 명문 클럽이다.

46 Pier Luigi Nervi, 이탈리아의 건축 구조가. 근대 건축에서 철근, 철골, 콘크리트의 구조체가 지닌 공학적 합리성과 미학적 가치를 표현했다.

고 책임을 피했죠. 이후 UFO 목격담은 일주일 이상 계속됐고 피렌체 전체와 토스카나 주의 다른 곳에서도 목격됐어요. 이런 일화를 듣고 베키오 궁을 다시 들러보면 여러분은 아마 외계와의 접촉을 확신하게 될 거예요. 헤라클레스의 방Sala d'Ercole에 가면 필리포 리피[47]의 작품 〈아기 예수와 성 조반니노와 함께 있는 마돈나〉에 비행접시를 표현한 듯한 물체가 있거든요. 그냥 뭔가 묻은 게 아니라 염료가 진하게 칠해져 있어요.

47 Fra Filippo Lippi, 1406~1469년, 초기 르네상스 회화의 대가이자 보티첼리의 스승.

저는 아직도 그게 설마 비행 접시였을까 하는 의심을 품고 있고 그다지 흥미도 없어요. 하지만 여전히 축구경기장은 다녔고 그때마다 밀레 거리의 스케지 노인을 찾았어요. 저는 오히려 그 분이 외계인 같아요. 너무 자비로우시거든요. 장사 수완이 아주 좋아서 돼지껍데기로 만든 따뜻한 프로슈토 햄과 콩을 넣어 '죽은 사람도 벌떡 일어나게 할 만한' 파니니를 파는 가게를 운영하셨죠. 지금은 스케지 씨의 지휘 하에 젊은이들의 허기를 달래주기에 더 적합한 새로운 방식으로 운영되고 있고, 이 부근의 다른 음식점들처럼 축구 경기가 열리는 일요일이면 북새통을 이룬답니다.

혹시 농담하는 것을 좋아하시나요? 젊은 축구광팬 친구들의 이야기를 들으니 쿠르바 페로비아Curva Ferrovia(피에솔레 언덕 바로 옆, 축구장 커브길 맞은편) 입구에 서 있는 노점상은 그냥 지나칠 수가 없다더군요. 피에라라는 거의 전설적인 여자 분이 혼자 장사를 하다가 지금은 그 따님도 같이 운영하고 있다는데, 하느님이 주신 온갖 '위험한' 것들을 채워 넣은 핫도그와 햄버그도 그렇지만 주인장의 현란한 농담에 저절로 발걸음을 하게 된대요.

캄포 디 마르테Campo di Marte('화성 구역'이라는 뜻인데, 저희 축구경기장 주변 지역은 다 이렇게 부르죠)에는 멋진 공공 수영장 '라 코스톨리La Costoli'도 있는데 여름에는 피서 인파가 몰려 잔디밭이 거의 보이지 않을 정도가 된답니다. 그 밖에도 피렌체 근교에는 더위가 기승을 부릴 때 수영을 즐길 만한 곳이 아주 많아요.

경기장 남서쪽으로 조금 더 걷다 보면 육교가 보일 거예요. 캄포 디 마르테에서 철로를 건너가는 육교는 원래 두 개예요. 두 육교 모두 작지만 이 지역에서는 아주 중요한 기차역과 연결되죠. 역 이름도 '캄포 디 마르테'예요. 이 역에서 구간 운행 열차를 타면 피렌체 주변 지역을 단 몇 분 만에 갈 수 있고, 고속열차를 이용하면 두 시간 안에 로마나 밀라노, 베네치아까지 갈 수 있어요.

아드리아노, 카비리아, 피암마, 풀고르, 그로타, 마르코니, 폴티코, 프린치페... 이런 극장들도 다양한 프로그램을 상영해 가볼만 하지만, 그보다 먼저 오데온Odeon과 같이 종종 원어로 상영을 하고 스텐센Stensen, 알피에리Alfieri, 콜론나Colonna, 스파치오 우노Spazio Uno 등의 극장들과 함께 영화를 열심히 연구하는 곳을 들러 보세요. 이런 극장들의 운영 능력은 언제나 피렌체가 상업적이기 보다는 예술적 가치를 먼저 생각하는 감각적인 영화 도시로 발전하게 만드는 원동력이 된답니다.

육교를 내려와 마치니 거리Viale Mazzini를 따라 걸으면 마사초 거리Via Masaccio와 만나는 교차로가 나와요. 거기서 왼쪽으로 돌면 사크로 쿠오레 교회Chiesa del Sacro Cuore의 종탑이 우뚝 서 있을 거예요. 이 종탑은 1950년대와 60년대 사이에 설계됐는데, 이상하게 기독교 신자들이 좋아하지 않아서 비종교 정당이 소유하고 있어요. 인간이 달에 상륙하기를 기다리다가 케이프 커내버럴[48]에서 만든 최초의 로켓탑을 본 우리 피렌체인들은 모두, 아니 거의 다 이 로켓을 그리스도의 로켓이라고 부르기 시작했어요(이런 것을 보면 종교적인 차원에서 우리는 세속적인 존재, 혹은 무신론자라고 할 수 있죠). 종탑 근처에서 이동 범위를 조금 넓히면 중요한 장소 두 곳을 찾아볼 수 있어요. 첫 번째는 교회 바로 옆에 있는 포르티코 극장Cinematografo Portico인데, 예전에는 교구 영화관이었지만 지금은 피렌체 영화 네트워

48 Cape Canaveral, 미국 플로리다 반도 동쪽 연안에 있는 미사일 실험장.

크에 소속돼 있어서 모든 장르의 영화를 상영해요. 그리고 이 네트워크에 속한 다른 극장들처럼 위성 안테나를 이용해 러시아나 영국을 비롯한 세계 각지의 극장들과 접속해 해외 프로그램들을 실시간으로 대형 화면으로 상영하기 때문에 다들 앞다투어 상영관 맨 앞줄에 앉으려 하죠.

두 번째 장소는 오베르단 광장Piazza Oberdan에 있어요. 카라피나Carapina라는 최고의 신세대 젤라토 맛집인데 찾기 어렵지 않을 거예요. 거기서 조베르티 거리Via Gioberti가 아주 가까운데 거기로 갈 것인지 말 것인지는 여러분이 결정하세요. 한 가지 말해 두자면, 쿠레 지구처럼 그 거리에도 '백여 개의 상점'이 있답니다. 그 거리에 들어서면 여러분의 쇼핑 욕구를 마음껏 해소할 수 있어요. 멋진 옷을 파는 아름다운 옷가게들이 즐비하고 몬테루포 피오렌티노Montelupo Fiorentino산 도자기를 비롯해 수많은 그릇으로 가득 한 콘티Conti 가문의 상점, 그리고 각종 공방들까지 있으니까요. 예를 들어 여러분이 어떤 용도로 사용하든 세상 모든 잠금장치의 열쇠를 복사할 수 있는 피렌체 최고의 철물점이 있고, 피렌체에서 가장 오래 된 자전거 가게 '모로치Morozzi'도 있어요. 저희 아버지가 이 가게에서 제 빨간색 첫 자전거를 사주셨죠. 제 두 번째 자전거는 '몬텔라티치Montelatici'라는 경주용 자전거 전문점에서 구입했어요. 칼 가게 '돈니니Donnini'는 1930년부터 장사를 시작했는데 희귀하고 품질 좋은 칼을 판매한답니다.

그 밖에 소간 가게, 빵집, 워킹화 상점을 비롯해 식당도 엄청나게 많아서 누구든 입맛에 맞는 식사를 할 수 있어요. 마르키온네Marchionne의 도넛들은 여러분의 발길을 알베르티 광장Piazza Alberti으로 이끌 거예요. 어쩌면 피렌체 도심에서 벗어난 그곳에서 1950년대의 분위기를 느낄 수 있는 유서 깊은 카페에 들어가게 될 수도 있죠. 사람들과 몇 마디 나누고 싶

피에솔레나 아르테미오 프란키 경기장, 혹은 캄포 디 마르테 역에서 도심지로 돌아가려면 가로수 길Viali di Circonvallazione을 지나가야 해요. 피렌체의 가로수 길은 피렌체가 통일(거의 통일된) 이탈리아의 수도이던 1865~1870년, 건축가 주세페 포지가 파괴된 고대 성벽이 있던 자리에 설계한 거예요. 길게 뻗은 아치형 선로가 서쪽으로는 빅토리아 다리Ponte della Vittoria에서 끝나고 동쪽으로는 산니콜로 다리Ponte San Niccolò와 만나요. 주세페가 성벽의 탑은 보존했지만 현재는 단절된 상태예요. 가로수 길의 중간 부분 근처에는 영국인 묘지가 있는데, 이곳도 주세페 포지가 혁신적인 도시 재개발 계획을 세워 섬의 형태로 공간을 절약해 만든 작품이랍니다. 1828년에 백 여 개의 무덤과 묘비를 안치해 조성한 이 푸른 언덕은 주위의 교통이 혼잡함에도 불구하고 상당히 낭만적으로 보여요. 거의 기적을 이룬 셈이죠. 게다가 이 묘지는 피렌체를 제2의 고향이자 삶을 마감하는 곳으로 택한 유명 인사들, 예를 들면 여류시인 엘리자베스 바렛 브라우닝의 추억도 잠들어 있어요.

다면, 여러분이 들어선 카페의 이름이 혹시 '난노니Nannoni'인지 먼저 물어보세요.

조베르티 거리를 완전히 빠져 나오면 반대편에 베카리아 광장Piazza Beccaria이 나올 거예요. 거기서 잠깐 멈춰 서서 누가 그 광장의 이름을 지었을지 생각해 보세요.[49] 그리고 피렌체가 사형 제도를 가장 먼저 폐지한 도시라는 것도 생각해 보세요. 1776년 11월 30일, 토스카나의 대공이었던 피에트로 레오폴도가 사형의 폐지라는 문명 시민다운 아이디어를 전파했죠.

베카리아 광장을 지나 사람들이 몰려 있는 곳으로 가면 보르고 라 크로체Borgo la Croce 교차로가 나올 거예요. 거기도 오래 전부터 냄비나 프라이팬 같은 주방 용품을 판매하는 코세코시CoseCosi를 비롯해 수십 개의 상점들이 늘어서 있죠. 특히 커피숍과 소규모 제과점은 여러분을 산탐브로조 광장Piazza Sant'Ambrogio으로 이끌 거예요. 제 집이 그쪽인데, 그 동네 이야기는 새로운 장에서 해야 할 것 같군요.

49 《범죄와 형벌》을 발표해 유명해진 이탈리아 형법학자의 이름이 체사레 베카리아(Cesare Bonesana Marchese di Beccaria)이다.

CIBRÈO
FIRENZE
Fabio Picchi

illy
Cioccolato
Latte
The
Bibite
Spremute
Distillati Naz.
Distillati Est.
Distillati Riserva
Liquori
Porto-Sherry
Birra bott.33 cl.
Vino
Prosecco
Spumante
Champagne
Cocktails
Acqua Min. bicch.
Acqua bott. ½
Paste
Budini-Occhi Bue
Frutti
Croissant
Crostata - Kosher
Sandwich
Sandwich

SETTIMO

침묵과 말, 둘 중 하나를 선택할 수 있어요

저는 산탐브로조 지구에 와서 몇 주 후부터 페인트칠을 벗기고 떨어진 곳들을 붙이고 거의 반 세기 전부터 얼마 전까지 '트라토리아 지노Trattoria Gino'에서 사용하던 나무 탁자를 사용하려고 열심히 광을 내느라 분주했어요. 가게 이름도 '치브레오 레스토랑'으로 바꾸기로 했어요. 당시 불결하게 양식한 닭 때문에 거의 멸종 위기에 처한 가정식 메뉴를 지키고 싶다는 생각에 사로잡혀 있었지요.

이런저런 방법을 궁리하다 보니, 가정식 음식을 지키는 일이 저도 살고 이 세상도 안일함의 끝에서 구원받는 길이라는 확신이 생기더군요. 그리고 '치브레오'라는 말이 19세기 피렌체어로 뜻하던 의미를 되새겼죠(이제 여러분도 거의 피렌체 사람이 다 됐죠? 그럼 여러분도 '우리'예요. 우리 피오렌티노들에게 '치브레오'는 이제 이탈리아어예요). '치브레오cibrèo'와 1896년에 태어난 저희 할머니 주디타 여사의 '치브레이노cibreino'는 서로 다른 두 개의 레시피가 아니에요. 둘 다 '좋아하는 것들을 섞은 음식'을 말하는 것이었답니다.

손은 왁스 범벅에 강한 용매에서 나온 연기를 마셔 정신은 몽롱했지만 탁자들이 반짝이고 어느덧 모든 것이 모양새를 갖췄죠. 그렇게 시장 한쪽에서 작은 와인바를 열었고, 농담처럼 '치브레이노', 혹은 돈이 별로 없어도 점심과 저녁 식사를 할 수 있는 '가난한 자들의 치브레오'라고 불렀어요. 예전에는 가게 한가운데 정말 작은 장작 난로와 주방이 있었는데, 지금은 조금 더 커지고 사용하기 편하게 현대식으로 개조했어요. 그리고 반대편 길에 진짜 음식점다운 음식점을 열었어요. 그렇게 1979년 9월 8일,

처음이자 단 하나뿐인 제 레스토랑, '치브레오Cibrèo'가 탄생했고 제 인생도 새로 시작됐죠.

다리 밑으로 물이 흘러가죠. 위가 아니고 아래로 흐르는 게 저희에게는 참 다행스런 일이에요. 1966년 11월 4일의 기억 때문에 아르노 강이 위협적으로 넘실거리면 저는 덜컥 겁이 나요. 한 번은 창고에 있는 와인을 전부 다 꺼내서 저희 아파트 2층에 사는 이웃집에 옮겨 놓기도 했죠.

피렌체 사람들은 위험이 닥칠 경우 하나가 됩니다. 예를 들어 보라면 천 가지는 들 수 있어요. 와인을 맡긴 날도 마찬가지였죠. 다행히 별일은 없었지만, 우리는 까만 밤을 하얗게 지새우며 새벽을 기다려야했어요. 새벽이 이탈리아어로 '알바alba'예요. 위층에 살던 그 부인, 이제 우리 시장 최고령 청과물상인 테레사 여사는 딸의 이름을 '알바'라고 지었답니다. 다음날 부인은 동이 트자마자 평소와 다름없이 시장에 나가 과일과 채소 진열대를 펼쳤어요. 아마 그 순간 부인은 무척 행복했을 겁니다. 그리고 딸에게 세례를 해주면서 두 번 고민하지 않고 이름을 지었을 거예요. 우리는 결코 지울 수 없는 끈끈한 우정을 느꼈고 아직도 인연을 이어오고 있어요.

저는 자식을 세 명 뒀어요. 지금은 그 아이들이 수많은 제 동업자들과 일하면서 레스토랑 운영에 도움을 주기도 하고, 어떤 때는 아예 제 역할을 대신해 주기도 하죠. 그런데 시간이 흐르면서 제 생활에서 점점 이상해지는 것이 있어요. 그건 바로 시간에 대해 생각할 시간이 없다는 겁니다. 치브레오 레스토랑의 문을 연지 10년째 되던 1989년, 레스토랑 바로 앞에 치브레오 카페가 탄생했어요. 트라토리아처럼 카페에서도 손님들의 구미에 맞춘 다양한 가격대의 메뉴들을 제안하면서 저희끼리 내부적으로 경쟁을 벌이죠. 2003년에는 식품점도 열었는데, 좋은 음악 CD를 비롯해 요리책과 일반 도서, 줄리오 피키의 그림과 포스터도 팔아요. 줄리오 피키가 누구냐고요? 제 아들입니다. 미술 쪽으로 재능이 있는 녀석인데 지금은 꽤 성공을 해서 유럽을 돌며 전시도 하고 있어요.

저희는 파란색 면소재 재킷도 제작했어요. 제 인생 대부분 착용한 요리사 '제복'을 떠오르게 하는 옷이지만 주방에서는 물론 밖에서도 편하게 입을 수 있고 남성용과 여성용이 구분돼 있어요. 그리고 해마다 친한 친구들과 디자인해서 만드는 스카프도 있어요. 이렇게 저희가 직접 제작한 제품들을 '테아트로 델 살레'의 첫 번째 방에 모두 진열해 놨더니 손님들을 반기는 풍성한 로비 같은 분위기가 됐어요. 제 아내 마리아 카시도 테아트로에서 믿고 의지하는 동료들과 모임을 하기도 하니 저희에게는 참 좋은 공간이 아닐 수 없어요. 그래서 저희는 테아트로를 무척 사랑하고 동호회나 클럽, 혹은 문화 협회 같은 것도 운영하고 있죠. 저희 모임에 참여하려면 테아트로 입구에 비치해 놓은 규칙을 읽어봐야 해요. 간단하고 장난스러워 보이지만 모임의 정확한 의도가 담긴 내용으로, 이탈리아어 외에 영어와 중국어, 러시아어(익히 알려진 것처럼 러시아인들이 엄청난 연극 애호가죠)를 비롯한 수많은 언어로 적혀 있어요. 물론 일본어도 있죠. 해마다 한 언어씩 더 추가하면서 이곳이 누구에게나 열려 있는 여러분의 집이라는 점을 알리고 있죠.

아주 서민적인 가입비를 지불하고 회원증을 발급받아 회원이 되면, 테아트로를 휴식을 위한 장소로 이용해도 되고 독서를 하거나 지인과의 만남, 혹은 새로운 만남을 위해 찾으셔도 됩니다. 그리고 저희 클럽을 통해 연극과 음악을 비롯한 문화 프로그램에 대한 정보를 교환하고 서로 협력할 수도 있어요. 매일 아침 독서나 공부를 하면서 풍성한 메뉴로 브런치를 즐길 수도 있고, 화요일부터 토요일까지 매일 저녁 7시부터 7시 30분 사이에 토스카나 요리들로 차린 뷔페가 시작됩니다. 이 음식의 홍수가 한바탕 휩쓸고 지나가면 탁자들은 순식간에 사라지고 마치 누군가 마술이라도 부린 것처럼 테아트로의 무대 쪽을 향해 소파와 의자들이 놓여요. 그리고 정확히 9시 30분이면 공연이 시작되죠. 그것도 어설프게 흉내를 내는 것이 아니라 아주 진지한 공연이에요.

CIBRÈO
FIRENZE

Giorgio Busca
CIBRÈO
FIRENZE

이탈리아와 해외에서 남긴 리뷰들이 무척 많은데, 그 리뷰들을 잘 읽어보면 일주일 중 닷새 반나절 동안 이곳이 어떻게 돌아가는지 알 수 있을 거예요. 여기서 반나절은 일요일 영업이에요. 일요일에는 저희가 특별히 더 신경을 써서 화려한 브런치를 준비한답니다. 이때는 신문을 읽을 수도 있고 다른 회원들과 담소를 나눌 수도 있어요. 하지만 이때도 저희 모임의 기본적인 두 가지 규칙, 소식 나누기의 의무와 남을 배려한 정숙의 의무를 지켜야 해요. 언뜻 보면 완전히 상반된 것 같지만, 사실 이 두 가지는 다른 사람들과 함께 하는 시간, 완전히 감정을 이입해 코미디 공연을 비롯한 연극과 음악 감상을 해야 하는 시간을 알리는 규칙들이랍니다.

치브레오와 치브레이노 레스토랑 두 곳과 카페, 식품점, 테아트로 델 살레를 통틀어 조금 더 호감이 가도록 '피렌체의 열린 도시 산탐브로조의 창의적인 문화 오락 단체'라는 별칭을 붙였어요. 길모퉁이 뒤에 있는 산탐브로조 교회에 호기심을 갖게 하려는 의도가 담겨 있죠. 공식적으로 베네딕트 수도회에 소속된 교회로 10세기에 지어졌고, 현재까지 꾸준한 변화를 겪어왔음에도 불구하고 미노 다 피에솔레[50]가 1340년 피렌체가 흑사병을 피해 간 기적을 기억하기 위해 조각한 감실이 아직도 보존돼 있답니다. 미노 다 피에솔레의 묘지는 교회 아래쪽에 있고 화가 프란체스코 그라나치도 근처에 묻혀 있죠. 이외 타소Tasso 가문의 목재 조각가들도 잠들어 있어요. 이 가문 사람들 중 레오나르도 델 타소는 성 세바스찬의 유색有色 동상을 올린 섬세한 제단을 만들었죠. 그리고 몇 년 전 의문의 머릿글자 때문에 미켈란젤로의 작품이 아니라는 의혹이 생긴 목재 그리스도상의 진짜 주인이 타소인지도 몰라요. 목재상에 사용된 기법이 타소와 매우 흡사하거든요. 어쨌든 이 문제에 대해서는 아직도 의견이 분분해요.

50 Mino da Fiesole, 1429~1484년, 이탈리아의 조각가. 피렌체 근교 포피에서 출생, 로마에서 활약, 피렌체에서 사망했다.

CIBREO
FIRENZE

겨울의 휴식

4인분

ANTIPASTO

'스베바' 콜리플라워 미니 파이

1 깊이가 낮은 팬에 다진 마늘만 넣고 볶아 주세요. 마늘이 금색을 띠기 시작하면 껍질을 벗겨 길게 썬 토마토 여섯 개를 넣어 팬의 온도를 낮추고 회향**finocchio** 씨앗 가루를 티스푼으로 반만 넣으세요. 살시차**salsiccia** 소시지도 하나 넣어 으깨 주시고요. 포크로 짓누르면 어렵지 않게 으깰 수 있을 거예요.

2 소시지까지 다 으깼으면 콜리플라워를 잎사귀까지 400그램 넣으세요. 콜리플라워는 씻어서 손으로 뜯어 넣으면 돼요. 콜리플라워에서 수분이 빠져나오고 충분히 익도록 불을 낮추세요. 부지런히 자주 저어서 팬의 밑바닥에 재료가 눌어 붙지 않게 하세요. 절반 정도 익으면 큰 볼에 모두 옮겨 담고 전란 네 개와 파르마산 치즈 50그램, 흑후추 간 것, 그리고 취향에 따라 페페론치노 고추도 조금 갈아 넣으세요. 소금도 적당량 넣으시고요.

3 원형 케이크 틀에 버터를 바른 후 빵가루를 묻혀 사용해도 되고, 일회용 알루미늄 용기를 사용하셔도 돼요. 일회용 용기의 크기가 작을 경우, 보통 180도로 예열한 오븐에서 15분 정도 구우면 될 거예요. 큰 틀을 사용할 경우 조리 시간은 전적으로 여러분이 결정해야 해요. 제가 여러분의 주방이 어떤지 잘 모르잖아요? 푸딩을 뒤집어 놓을 때 사용할 접시나 쟁반에 아주 품질 좋은 올리브오일을 넉넉하게 두르고 흑후추도 바로 갈아 올리세요. 여기서 한 가지, 이탈리아어로 푸딩이 '스포르마토'[51] 인데 여기서는 틀에서 빼내는 행동 때문에 붙여진 이름이에요. 어떤 사람은 으스러졌거나 형태가 망가져서 이렇게 부르는 거라고 생각하기도 하는데, 그렇지 않답니다.

51 sformato, 틀에서 빼낸 것, 혹은 형태가 망가진 것, 두 가지 의미가 있다.

이 요리는 제가 매주 출연하던 Rai3 방송사의 프로그램 '지오**Geo**'를 방송하던 중에 탄생했어요. 그때 진행자가 스베바 사그라몰라였는데 아주 친절하고 항상 미소를 짓고 있었죠. 어디를 봐도 아름다운 영혼으로 가득한 여성이었어요. 그래서 우리의 우정을 소중하게 간직하자는 의미로 이 요리에 그녀의 이름을 붙여 선물했죠.

PRIMO PIATTO

파스타와 콩

1 이 요리를 하려면 건조 '칸넬리니(흰강낭콩)'나 흰색을 띠는 다른 종류의 콩을 하루 전에 준비해 밤새도록 물에 담가둬야 해요. 충분히 불린 콩에 물을 충분히 붓고 마늘 몇 쪽과 세이지의 잔가지 하나를 넣고 아주 천천히 끓이는데 절대 금속 물질로 콩을 건드리면 안 돼요. 몇 시간 동안 끓이다가 나무 주걱을 이용해서 콩이 얼마나 익었는지 확인하세요. 부드럽게 뭉개질 정도로 푹 익혀야 해요. 아마 본격적인 조리는 다음날 할 수 있을 거예요.

2 일단 적양파를 잘게 다져 갈색이 돌 때까지 볶다가 마늘을 넉넉하게 넣고, 세이지와 잘게 다진 로즈마리, 페페론치노, 간 후추도 넣으세요. 그리고 약간의 토마토를 넣어 팬의 온도를 조금 낮추고 토스카나산 흑양배추 잘게 다진 것을 넉넉하게 넣으세요. 마지막으로 기름과 살코기가 섞인 품질 좋은 3밀리미터 두께의 프로슈토를 가늘게 채 썰어 넣고 프로슈토의 껍질도 조금 더 추가하세요. 껍질은 프로슈토를 구입한 가게에 부탁하면 얻을 수 있을 거예요.

3 모든 재료를 15분 동안 끓이다가 콩 삶은 국물을 넣고 콩도 여과기에 곱게 갈아 넣으세요. 이 상태로 10분 이상 끓이면서 바닥이 눌러 붙지 않도록 저으세요. 파스타는 품질 좋은 메체 마니케[52]나 키오치올레[53] 같은 쇼트 파스타 종류를 선택하시고 원래 익혀야 하는 시간의 반 정도만 익히세요(파스타 포장지에 적힌 시간의 반). 파스타와 콩, 두 가지 모두 불에서 내리고 30분 정도 천천히 식히세요.

52 mezze maniche, 두껍고 짧은 원형 파스타.

53 chiocciole, 달팽이 모양의 짧은 파스타.

4 어느 정도 식으면 꾸덕해지고 모든 재료가 완전히 익었을 거예요. 올리브오일을 넉넉하게 한 수저 두르고 흑양배추로 장식까지 하면 여러분의 파스타와 콩은 굉장히 강한 반세속주의 엑소시즘의 역할을 할 거예요. 여러분의 식탁에서 악마는 사라지고 함께 식사를 하는 모든 사람들이 배꼽이 빠질 정도로 폭소만 터뜨리게 될 겁니다.

SECONDO PIATTO

빈 산토 비둘기 요리

1 일단 손님들에게 조류로 만든 요리를 좋아하는지 확인한 후에 시장에 가서 품질 좋은 비둘기 고기를 구입하세요. 비둘기를 구석구석 꼼꼼하게 세척한 후, 마늘 몇 조각과 세이지, 소금과 후추를 섞어 한 티스푼(소금 8, 후추 2의 비율)을 채워 넣으세요. 비둘기 몸통 속에서 모든 재료들이 잘 섞였으면 칵테일을 만드는 바텐더처럼 비둘기를 흔들어 각종 양념과 향신료가 고기에 잘 묻게 하세요.

2 간과 심장을 손질해서 몸통 속에 집어넣고, 아주 작게 자른 레몬 껍질 두어 조각과 프라토 지방에서 만든 아몬드 쿠키 '비스코토 디 프라토**Biscotto di Prato**' 하나를 통째로 넣으세요(저는 마테이 씨네 공장에서 만든 쿠키를 즐겨 사용해요). 마지막으로 버터 반 작은술을 추가해 비둘기 속 채우기를 마무리 하세요.

3 이제 기름 두른 냄비에 다진 당근과 셀러리, 흰양파를 볶다가 비둘기를 넣고 익히기만 하면 돼요. 양파가 노릇한 색을 띠기 시작하면 비둘기 4마리당 가늘게 채 썬 프로슈토 80그램을 넣으세요. 그리고 최상품 빈 산토**Vin Santo** 2리터를 채워 붓고, 진하게 우린 채소 육수(셀러리, 정향, 당근, 양파, 파슬리를 넣고 우린 육수)도 2리터 넣으세요.

4 약한 불에서 천천히 끓이는데 15분에 한 번씩 비둘기를 뒤집어 주세요. 비둘기의 흉골이 가슴의 가운데 부분을 찢고 올라오려고 하면 불을 끄고 30분 정도 그냥 두세요. 어느 정도 식은 후 맛을 보면 쿠키의 바삭함은 사라지고 아몬드가 빠져나오고 녹았지만 예상보다 훨씬 더 단맛을 낼 거예요.

빈 산토 대신 다른 달콤한 맛의 와인을 사용해도 돼요. 쿠키도 비스코토 디 프라토 대신 건포도 같은 건과가 든 것을 사용해도 되고요. 다만 건포도가 유기농이고 파라핀 코팅이 되지 않은 것을 선택해야 해요.

CONTORNO

사냥꾼의 당근

완전한 채식 메뉴인 이 요리는 앞서 소개한 냄비에 찐 비둘기의 달콤함과 잘 어울릴 거예요. 팬에 올리브오일을 넉넉하게 두르고 적양파 6개를 잘게 다져 넣고 볶으세요. 양파의 색이 노란색과 갈색의 중간 정도가 되면 마늘 두 쪽과 월계수 잎 두 장, 껍질 벗긴 토마토 세 개를 넣고 몇 분간 가열한 후, 반달썰기 한 당근 여덟 개를 추가하세요. 입맛에 맞춰 소금과 후추로 간을 하세요. 일반적인 채소 육수를 붓고 끓이세요. 당근이 뭉개질 정도는 아니고 그냥 부드러운 상태가 되면 불을 끄고 잠시 식혔다가 '짝꿍'인 것처럼 비둘기 고기를 담은 접시 옆에 담아내세요.

DOLCE

오븐구이 사과

저는 오븐구이 사과를 차갑게 먹는 걸 좋아해요. 그렇다면 제가 말하는 오븐구이 사과는 어떤 것인지 잘 들어 보세요. 이 디저트는 먹기 한참 전에 만들어 두세요. 사과는 아무것이나 괜찮지만 시장에 가서 좋은 사과, 즉 화학 용품을 사용하지 않고 재배한 것을 구입하세요. 그런 사과를 구입해서 향기를 맡으면, 사과를 좋아하지 않는 사람도 사과 한 알이 얼마나 많은 엔도르핀을 만들어 내는지 새삼 느끼게 되죠.

이제야 생각난 건데, 만약 여러분이 어느 프랑스 사람이 1980년대부터 시작된 이상한 의무(프랑스에서는 비둘기 고기를 핏물이 흐르도록 덜 익혀 먹어요)를 벗어던질 수 있을 정도로 놀라게 하고 싶다면, 비둘기를 프랑스산 사과주 칼바도스**Calvados** 두 잔과 함께 끓여 보세요. 프랑스 사람들은 놀라움을 금치 못할 거예요. 그리고 적양파 대신 흰양파를 사용하고 저민 사과를 넣고 끓여 보세요. 이 버전은 그 맛이 참 숭고한 지경이랍니다. 이 요리에 제대로 예의를 차리려면 적어도 푸리튀르 노블**Pourriture Noble** 와인은 개봉해야 할 거예요.

다시 사과 이야기로 돌아와서, 비정제 설탕으로 사과를 뒤덮을 정도로 충분히 올리세요. 그리고 사과가 으스러지지는 않고 숨만 죽도록 오븐 온도는 130도로 맞추시고요. 사과가 어느 정도 부드러워진 것 같으면 그릴로 옮겨 여러분이 원하는 만큼 갈색을 내세요. 아무것도 곁들이지 않고 먹는 것이 원칙이지만, 어디서나 쉽게 구할 수 있는 생크림과 웨이퍼 쿠키는 그 원칙에서 예외로 해도 좋을 거예요.

CIBRÈO
FIRENZE
Fabio Picchi

OCTTAVO

떠나기 어려워요

저는 전 세계 공연장을 돌아다니는 예술가 아내를 따라 다니면서 사람들이 좋아하는 곳을 가봅니다. 그때마다 저는 세상 모든 음식을 다 먹어치울 것처럼 식탐을 부리고 제가 정말 운이 좋은 사람이라는 생각을 해요.

그리스나 터키, 레바논, 모로코, 아메리카(북부에서 남부까지 아메리카 전역)를 비롯한 동양은 끊임없이 저를 놀라게 하고, 젊은 오스트레일리아도 모든 주변 지역이 경이롭기 그지없죠. 프랑스의 경우, 여러분은 어떻게 생각할지 모르지만, 프랑스 자체는 물론 에티오피아나 페루, 인도, 아프가니스탄을 비롯해 수많은 지역의 이민자들이 언제나 풍성한 먹을거리를 제공해요. 북유럽의 추위는 오히려 우리의 영혼을 훨씬 더 따뜻하게 하죠. 저는 독일에서나 스위스에서도 잘 먹어요. 그리고 다음 여행지인 러시아와 루마니아에 가기 전까지는 헝가리, 시칠리아, 풀리아, 나폴리와 피에몬테주의 음식들을 즐기며 행복해 하죠. 말하자면, 외국 음식도 훌륭하지만 이탈리아에도 그에 전혀 뒤지지 않는 음식들이 무척 많아요.

뭐, 어쨌든 여러분도 제가 얼마나 큰 영광을 누렸는지는 알 것 같군요. 그런데 정작 제 마지막 영광은 피렌체로 돌아와 단순하지만 아주 중요한 진실과 마주치면서 분명해졌어요. 그 진실은 하나의 도시는 일상적인 행동과, 남녀노소 가릴 것 없이 스스로를 인식하는 모든 시민들이 모여 만들어진다는 거예요.

이건 중요한 거예요, 정말입니다. 남성이든 여성이든 특별히 주장하는 것은 없지만, 사실 아주 정확한 것을 좋아하는 사람들이 전 세계 사람들에게 이 도시의 시민이 될 가능성을 열어주는 거예요. 이 도시의 시민이 되면 자동으로 이 세상의 시민이 되는 거고요. 만약 피렌체에 영국인 단체가 없다면, '앵글로 베체로'[54]라는 말이 없다면 피렌체도 없었을 거예요. 우리는 가끔 농담 삼아 미국이나 영국에서 온 사람들이 피렌체 억양을 독특하고 재미있게 해서 더 호감이 가고 피렌체 사람들보다 더 피렌체 사람 같다고 말하곤 하죠.

현재 피렌체에는 프랑스를 비롯해 중국, 루마니아, 폴란드, 모로코, 스리랑카 단체가 매우 적극적으로 활동하고 있고, 수천 명의 내외국인 학생들이 참여하고 있어요. 이런 단체들이 없다면 피렌체는 어떨까요? 타지 사람들이 없으면 우리는 무엇을 해야 할까요?

산탐브로조에 오면 유태교 예배당이 더없이 아름다워 들르지 않을 수 없을 거예요. 거기서 나오면 다젤리오 광장Piazza d'Azeglio이 나오고요. 이 광장 10번지에 펠레그리노 아르투시Pellegrino Artusi의 아름답고 화려한 저택이 있어요. 수천 가지나 되는 이탈리아 요리의 아버지 역할은 할 수 없었지만, 가장 뛰어난 요리 강사가 된 사람이죠. 광장에 딸린 정원을 지나면 일단 주스티 거리Via Giusti를, 그다음에는 지노 카포니 거리Via Gino Capponi를 통과하세요. 그럼 식물원Orto Botanico이 나올 거예요. 거대한 나무와 아름다운 주택들 속에서 우아한 19세기 피렌체의 모습을 볼 수 있는 곳이죠. 그리고서 페르골라 거리Via della Pergola를 찾아 가면 거리 이름과 똑같은 시립 극장이 있을 거예요. 극장에 들어갈 수 있는지는 직접 물어보세요. 장식이며 뛰어난 공연 장비 및 무대 장치가 경이로움을 주는 이탈리아 스타일의 극장이랍니다.

극장 근처에서 기베르티 광장 식품 시장 쪽으로 다시 돌아가세요. 치옴피 광장을 지나면 벼룩시장Mercato delle Pulci이 나오는데, 이 시장은 이제 곧 대대적으로 재건될 거예요.

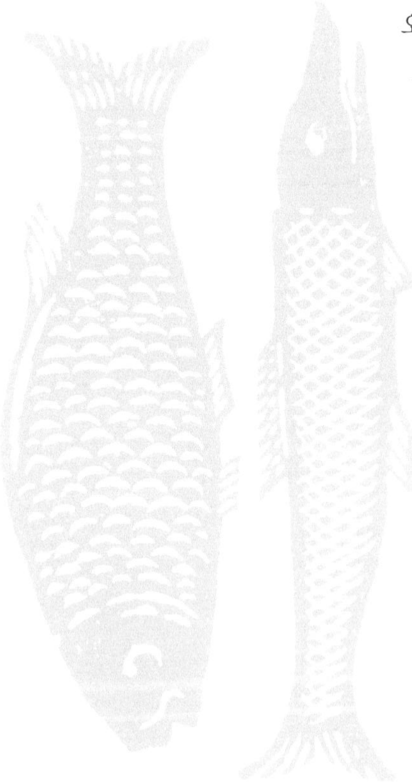

54 Anglo Becero, '천박한 앵글로족'이라는 뜻.

페르골라 극장Teatro della Pergola은 피렌체 극장의 역사가 담긴 고문서와 같은 곳이에요. 1656년에 페르디난도 타카Ferdinando Tacca가 목재로 지었다가 1755년도에 페르디난도 데 메디치Ferdinando de' Medici 대군 부부를 위해 줄리오 만나이오니가 벽돌로 재건축하고 벽까지 쌓았어요. 그리고 마지막으로 1828년에 살베스트리니Agnese Salvestrini가 현재의 모습으로 다시 지었죠. 입구 쪽 로비만 슬쩍 봐도(관람권 판매 때문에 거의 문이 열려 있어요) 건물이 전체적으로 굉장히 웅장하다는 것을 알 수 있어요. 셈플리치 정원Giardino dei Semplici으로 유명한 식물원도 몇 손가락 안에 드는 최고의 명소예요. 코시모 데 메디치 1세Cosimo I de' Medici의 명령으로 니콜로 트리볼로Niccolò Tribolo가 설계한 이 식물원은 수천 가지 식물을 보유하고 있고 거대한 규모의 피렌체 대학 자연사 박물관Museo di Storia Naturale dell'Universita 한쪽에 희귀종들까지 재배되고 있답니다.

이 시장에는, 몇 군데는 안쪽으로 들어가 있기는 하지만, 각종 골동품을 취급하는 조그만 상점 수십 개가 줄지어 있어요. 보석과 액세서리, 그림, 전등, 도자기 등이 보물찾기를 즐기는 여러분을 얌전히 기다리고 있죠. 베로키오 거리Via del Verrocchio 3r번지에 있는 엠포리오 리사 코르티Emporio Lisa Corti 같은 상점에 가면 원단과 의류를 비롯해 밀라노 출신 디자이너가 고민해 골랐거나 좋아하거나 직접 제작한 물건들이 있으니 관심을 가져볼 만할 거예요. 이 가게는 안젤라와 파올라 페스카롤로가 운영하고 있는데, 안목도 좋고 언제 어디서든, 그 누구와도 친구가 되는 흔히 찾아볼 수 없는 개성 있는 여성들이랍니다.

산탐브로조 광장 모퉁이 피에트라피아나 거리에 있는 약국에서도 흰 셔츠를 입은 여성들만 만날 수 있을 거예요. 피렌체에는 여성들이 운영하는 상점들이 정말 많은데, 여러분에게 애정 어린, 책임감 있는 조언을 해줄 수 있는 전문가들이랍니다.

이슬람 사원 왼쪽에는 자그마한 건물 두 개가 있어요. 하나는 조각가 로렌초 기베르티가 살았던 곳이고, 다른 하나는 화가 치마부에[55]의 화실이 있던 곳이라는 표시판이 붙어 있어요. 여기가 치옴피 광장이에요. 피렌체가 이탈리아의 수도였을 때 지금의 레푸블리카 광장Piazza della Repubblica을 만들기 위한 자리를 마련하느라 베키오 시장Mercato Vecchio을 철거할 때 살아남은 로지아 델 페셰[56]가 이 광장을 장악하고 있죠. 바사리가 1565~1570년에 지은 이 건물은 한 번 분해됐다가 1955년이 되어서야 재건되면서 리드미컬하게 연결된 다양한 물고기들을 묘사한 경쾌한 원과 함께 메디치 가문의 문장과 비문도 부활했어요.

몇 걸음 더 걸어 아놀로 거리로 가면 이슬람 사원이 있어요. 요즘은 이슬람 단체의 규모가 커져서 모든 인원을 다 수용하기에 역부족이죠. 다들 새로운 사원이 마련되기를 기다리고 있는데, 개인적으로는 저희 동네에 생겼으면 좋겠네요. 각종 술집과 빵집을 비롯한 우리의 소중한 상점들이 이 지역을 활기 넘치고, 그 무엇보다 아름다운 피렌체의 영혼으로 가득한 곳으로 만들고 있어요. 눈치 챘는지 모르지만, 저는 정말 피렌체의 영혼을 끝없이 사랑한답니다.

55 Cimabue, 1240~1302년, 이탈리아의 화가. 피렌체에서 태어났으며 조토의 스승이다.

56 Loggia del Pesce, 생선을 판매하던 통로.

NONO

새로운 이름이나 별명을 지어 즐겨보세요

57 가리발디 장군은 이탈리아 통일에 기여한 국민 영웅으로, 피키와 생김새가 비슷하다.

'작은' 피렌체 속에서 저는 이 도시의 위대함을 느낍니다. 저희 시장 청과물상인 테레사가 어느 날부터 저를 이런 식으로 부르기 시작했어요. '장군님 납셨네요!' 얼마 후부터는 아내도 저를 놀리면서 그렇게 부르더군요. 어느 순간부터 '장군'은 '가리발디'로 바뀌었고 저희 동네에서는 모두, 제가 없을 때는 거의 항상 그렇게 불렀어요. 뭐, 제가 기분이 상할 수도 있는 일이었죠.[57]

피렌체에는 스콜라(접착이 떨어진)라고 불리는 목수, 보카(입)라고 불리는 정비공, 스토파(막힌)라고 불리는 배관공이 있어요. 그 밖에 어느 키 큰 피자 요리사의 별명은 나노(난쟁이), 진짜 난쟁이는 룽고(길쭉이)라고 불리죠. 저희 식당 치브레오에 마르코라는 다운증후군 청년이 있는데, 안젤로(천사)라고 불러요. 진짜 천사 같거든요. 제가 평생 같이 일해서 잘 알아요. 마르코네 집도 산탐브로조에서 청과물상을 하는데, 거기서 일하는 세르조라는 사람은 브루치아토(숯검댕이)라고 불려요. 화재 사건 후로 그런 별칭을 갖게 된 거죠.

피렌체가 여러분의 눈에는 분별이 없는 도시처럼 보일 수도 있지만, 절대 그렇지 않아요. 제 말을 믿으세요. 오히려 그 반대예요. 사실 이런 별명이 조롱처럼 보이는 경우는 드물어요. 우리의 별명 속에는 고통도 웃어넘겨 지상 낙원과 같은 경지에 도달하게 해주는 힘이 있어요. 과장이 지나쳐 보이나요? 전 그렇게 생각하지 않아요. 어느 날 아침 집 근처 카페의 바에 앉아 모닝커피를 마시며 웃고 농담할 때도 지상 낙원을 느낄 수 있어요.

그리고 여러분의 이름이 외국식이라면, 발음이 달라져도 너무 놀라지

마세요. 존John은 존니Gionni가 되고 피터Peter라면 아마, 아니 분명히 피테리노Piterino가 될 거예요. 여러분은 그렇게 새로운 이름을 갖게 될 겁니다. 피렌체는 겉으로 보기에는 폐쇄적이고 끼어들 수 없는, 세계 여느 도시와 마찬가지로 극복해야 할 문제가 가득한 곳인 것 같지만, 아주 효과 좋은 해결책도 수없이 많아요.

피렌체는 은연중에 갑자기 마음을 여는 도시예요. 예를 들면 홍수로 범람한 진흙으로 엉망이 된 도시를 젊은이들이 발 벗고 나서 구했을 때나 유럽 사회 포럼European Social Forum 개최 시 온 도시가 전 세계 인류와 하나가 됐을 때를 보면 알 수 있죠. '새로운 르네상스'에 대한 기대로 술렁이

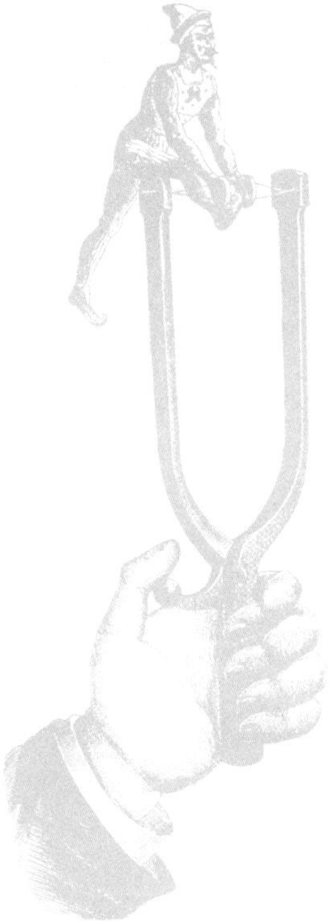

기 시작한 것도 바로 이 시기예요. 물론 난관도 생기고 무척 더디겠지만, 언제나 그랬듯 어느 날 갑자기 희망과 꿈이 다시 기지개를 켤 거예요. 제가 장담합니다. 사람들이 모인 자리에서는 언제나 싸움과 논쟁이 벌어지지만, 서로 떼려야 뗄 수 없는 형제 같은 관계라는 기본 개념은 잃지 않으니까요.

여러분도 새로운 이름이나 별명이 생기기를 기다리세요. 그건 여러분이 피오렌티노가 됐다는 축하 의식 같은 것이랍니다. 신문 가판대나 정육점, 빵집 등 어느 상점 주인이 여러분의 마음을 치유해줄 때를 기다리세요. 이상할 것 하나도 없어요. 상인들과 더불어 사는 일, 그것이 우리 피렌체 사람들에게는 최고의 삶이거든요. 저희 동네에서 전설적인 인물로 통하는 프란카 판테리아 여사는 하늘나라에서도 웃는 얼굴로 수천 명의 사람들을 자신의 장례식으로 이끌었죠. 산탐브로조 교회 안에 모인 그 많은 사람들이 눈물을 감추며 흐느꼈어요. 그녀는 모두에게 별명을 지어줬어요. 사람들을 구원하는 별명이었죠. 그녀는 40년 동안, 처음에는 자코사 Giacosa 레스토랑에서, 그다음에는 제 카페의 카운터에서 일하면서 피오렌티노로 사는 것이 얼마나 아름다운지 상기시켜 줬어요. 지금도 그녀를 떠올리면 피오렌티노로서의 행복을 새삼 다시 느끼죠. 여러분이 마지막 별칭 테스트를 통과하고 유전자까지 완전히 피렌체 사람으로 바뀌면 사람들에게 그에 대해 물어보세요. 그때가 돼야 운이 아주 좋은 사람들, 예를 들면 생선 장수 알베르토같은 사람들이 여러분에게 다가와 신뢰를 보이면서 눈물을 글썽이며 그녀와 경험한 재미있는 일화들을 끝없이 쏟아낼 거예요.

피렌체 곳곳에서, 지금은 물론 앞으로도, 프란카나 비르질리오, 오토네, 치나베로가 여러분을 기다리고 있어요. 이제 여러분도 아시겠죠? 물론 그들이 데려다 주는 곳은 삼도천이겠지만 웃음만은 끊이지 않을 거예요. 그리고 "디아미네!"[58] 이 한 마디를 요란스럽게 내뱉으며 여러분의 뜻에 무조건 동의해 줄 겁니다.

58 diamine, '제길'이라는 뜻.

16

ape P50

DECIMO

천국을 선택하세요

아마도 여러분은 이제 오일을 바른 빵 하나, 혹은 약간의 콩 국물에 올리브오일 한 수저와 함께 하는 빵 한 조각을 결코 하찮게 보지 않을 거예요. 늦은 봄이나 여름에 토마토와 올리브오일, 바질, 마늘을 넣고 구운 빵에 행복해 하면서 '토마토 맘마 만세Viva la pappa col pomodoro'라는 동요까지 흥얼댈지도 모르죠. 동네를 지나다가 소간 장수와 브루넬레스키의 돔(두오모 성당)에 친숙하게 인사를 건넬 수도 있고요. 베로키오 아틀리에에서 보티첼리나 기를란다요, 레오나르도 다빈치를 비롯한 수많은 젊은 예술가들을 양성한 것처럼 돈 마치와 돈 밀라니가 후진을 양성하던 외곽 지역으로 가는 길이 궁금해지기도 할 거예요.[59] 조토가 친한 친구처럼 느껴지고, 어쩌면 델라 로비아와 도나텔로[60] 덕분에 영혼이 위로를 받을지도 몰라요.

이러한 심경의 변화는 천국과 지옥이 우리 안에 있고, 둘 중 어느 곳에서 살 것인지를 결정하는 것은 바로 우리 자신이라는 것을 확신하게 해줄 거예요. 여러분이 피렌체라는 천국을 선택한다면 상당한 기쁨을 누리게 될 겁니다. 그 누구도 여러분을 그 천국에서 쫓아낼 수 없어요. 그래요, 우리는 이 도시에서 '아르노 강에서 더러운 옷을 깨끗이 빤다'는 피렌체 속담처럼, 마지막까지 남아있던 과오마저 떨쳐버릴 수 있을 테니까요. 그러니 여러분이 유태인이든 이슬람교도이든, 개신교도이든 천주교도이든, 혹은 무신론자라 해도 상관없어요. 여러분을 무조건 환영합니다.

이곳에서는 여러분의 이름뿐 아니라 성도 가치를 지녀요. 여러분의 인내심과 정직, 성실성도 가치를 인정받죠. 피렌체는 여러분이 사랑에 빠지기를 바라요. 그 어떤 것이라도 상관없고 그저 사랑하기만 하면 돼요. 그

59 돈 마치(Don Mazzi)와 돈 밀라니(Don Milani)는 이탈리아의 성직자이다.

60 Donatello, 피렌체 출신의 조각가로 전통적인 고딕 조각을 극복하고 자연 관찰의 결과로 제작된 르네상스의 조각 세계를 열었다.

줄레베는 포도즙을 설탕과 끓여 만든 시럽이에요. 스키아치아타가 아주 흥건해지도록 이 달콤한 시럽에 여러 번 적셔서 먹는 것이 전통이랍니다. 저는 엄마나 아빠들, 아이들에게 포도를 씨까지 먹으면 만병통치약이 된다는 것을 알리려고 이 시럽을 만든답니다!

61 schiacciata, 납작하고 평평한 포카치아.

럼 백합이나 아이리스, 등나무, 린덴, 스위트 올리브 같은 꽃들이 개화할 거예요. 이 꽃들은 피렌체의 봄을 향기롭게 만들어요. 가을에는 빵집 진열대에 전시된 흑포도를 넣은 스키아치아타[61] 빵과 줄레베Giulebbe에서 다시 돌아온 포도 수확기의 냄새를 느낄 수 있을 거예요.

겨울이 다가오면 곳곳에서 올리브오일을 처음으로 압착할 때 나는 냄새와 갓 짜낸 올리브오일의 맛과 함께 하게 될 거예요. 피렌체 사람들은 자기 집에서 짠 올리브오일이 세상에서 가장 맛있다고 믿어요. 그게 사실이기도 하고요. 향기를 느껴 보세요. 한 곡의 음악처럼 향기는 항상 여러분의 뒤를 따라다니거든요. 여름에는 다른 피렌체 사람들처럼 여러분도 무더위에 불평을 하겠지만 작열하는 도시를 벗어나 그레베Greve나 판차노Panzano를 비롯해 키안티Chianti 지역 어디든 금방 갈 수 있다는 것을 알게 될 거예요. 루프나Rufna와 디코마노Dicomano, 비빌리아노Bivigliano를 갈 수도 있고, 모렐로 산Monte Morello이나 콘수마Consuma, 아베토네Abetone 같이 고도가 조금 높은 곳으로 올라갈 수도 있죠. 엘바 섬Isola d'Elba이나 비아레조Viareggio를 가도 되고요. 바다든 시골이든, 언덕이든 산이든 주위를 둘러싸고 있는 모든 토스카나 지역이 우리의 누님 같은 곳이니 여러분이 내키는 곳으로 가면 돼요.

우리가 정말 운이 좋은 또 하나의 이유는 세심한 보살핌이에요. 저기

사이프러스 나무나 여기 있는 포도나무, 성벽, 성상 안치소, 올리브나무 가지를 치는 농부, 도로 가장자리를 깨끗하게 유지하는 '도로 보수 인부', 아치와 대패, 금박, 대리석과 석재를 다룰 줄 아는 벽돌공 등 하나의 지역 사회가 존재하기 위한 보호 요소들이 갖춰 있어요. 그래서 결국 여러분은 두오모 광장과 산마르코 광장 사이에 카부르 거리Via Cavour에 있는 메디치 리카르디 궁Palazzo Medici Riccardi을 마음대로 들락거리면서 베아토 안젤리코의 제자인 베노초 고촐리의 명작을 감상하고 친근감을 느낄 수 있는 거죠. 마지 예배당Cappella dei Magi에 들어가면 위대한 예술가 베노초가 그린 얼굴들을 유심히 살펴보세요. 그림 속에서 피렌체에 도착한 고관들의 긴 행렬 속에서 여러분의 얼굴이 갑자기 툭 튀어나올 수도 있으니 너무 놀라지 마세요. 여러분은 그 그림 속에, 피렌체 속에, 희망 속에, 여러분의 내면세계에 살고 있으니까요.

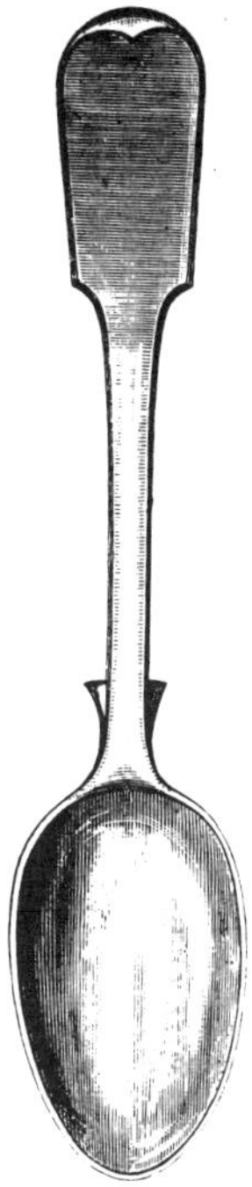

단 한 번 방문을 해도, 며칠 머물기만 해도, 혹은 정착을 해도 이곳 피렌체에서는 매일 숨 막히는 풍경과 곳곳에 널려 있어서 어떤 때는 우연히 보게 되기도 하는 예술적인 보석들, 각종 와인과 요리들의 파도에 영혼이 성숙해집니다. 제가 토박이다운 정보와 애정을 듬뿍 담아 설명한 명소들을 우연히 찾아가게 될 수도 있죠. 하지만 이렇게 순수하게 통속적인 것들로 끝나지 않아요. 피렌체는 감동이나 감탄 이상의 아주 특별한 관심을 필요로 하는 곳이거든요. 그냥 산책을 할 때도 고개를 들어 무수히 널린 비석과 성상 안치소를 관찰해 이 도시의 모든 골목과 교차로에 대한 역사적 지식을 키워야 해요. 또 시선을 내려 사람들이 밟고 지나다니는 길도 유심히 봐야 해요. 모자이크처럼 불규칙하게 깔려 있는 독특한 돌길들, 특히 페루치 광장Piazza dei Peruzzi에서 네리 거리로 연결되는 브라케 거리Via delle Brache와 같이 조금 외진 곳에 있어 사람들의 손이 닿지 않은 곳에도 관심을 가져야 하죠. 그런 것들이 현재까지 살아남은 마법의 파편들을 이용해 마치 조각난 양탄자를 복원하듯 과거에 존재했던(앞으로도 존재해야 하고요) **피렌체의 도시 구조를 되살리게 해주는 요소랍니다.**

그다음에는 바티스테로Battistero 세례당에 가보셔야죠. 이곳은 출입구들이 아주 유명하지만 사실상 여러분의 감정에 울림을 주는 것은 세례당 내부일 거예요. 그런데 두오모 오페라 박물관Museo dell'Opera del Duomo에서 미켈란젤로의 피에타상 앞에 가면 그런 울림을 경험할 수 있을 거예요. 저는 개인적으로 이곳의 조각상이 미켈란젤로의 피에타 중 가장 아름답다고 생각해요. 산니콜로 다리에서 베키오 다리 뒤로 해가 넘어가는 광경을 지켜볼 때도 또 한 번 심금을 울리는 감동이 전해질 거예요. 산타 크로체 교회 안에 화가 치마부에가 그린 그리스도의 십자가상을 볼 때도, 이 교회에서 울리는 종소리를 들을 때도 그럴 거고요. 허기를 달래려 들어선 산로렌초 중앙 시장Mercato Centrale di San Lorenzo에서도, 재래식 시장 쪽이나 재건축을 해서 너무 아름다워진 새 시장 쪽에서도 뭔가 울컥하는 감동을 받을 거예요. 또 시내의 수많은 골목길을 아무 목적 없이 거닐 때도 여러분의 감정은 내내 술렁일 겁니다.

극장이나 박물관, 왕궁, 정원에 들어갈 때마다 여러분의 감정은 소리굽쇠를 울린 것 같은 떨림을 느낄 거예요. 카발리 집안이 스트로치 궁Palazzo Strozzi 내에서 운영하는 두 곳의 바에서도, 시뇨리아 광장의 구치 바Bar Gucci도 빼놓을 수 없죠. 산탐브로조 시장에서 아버지 체코 씨의 뒤를 이어 청과물상을 하고 있는 체키나를 봐도 그럴 거고요. 수많은 피렌체의 트라토리아 중 두 곳, 스파다 거리Via della Spada 27번지에 있는 마리오네 Marione와 중앙 시장 광장Piazza del Mercato Centrale 26번지에 있는 차차Zàzà에서도 감동의 물결이 넘실댈 거예요.

산토 스피리토 거리 58r번지에 위치한 정말 멋진 공방 겸 상점에서 감성적인 액세서리를 제작해 전 세계 모든 여성들의 아름다움을 부각시키는 안젤라 카푸티를 직접 만나 봐도 감동스러울 거예요. 폴코 포르티나리 거리Via Folco Portinari와 부팔리니 거리Via Bufalini 사이의 길모퉁이에서 남성 전문 헤어 디자이너지만 여자 손님도 받는 파트리치아도 감동스러운 여성이죠. 예술가 집안 마우리치오Maurizio 가문의 아들로 모친 루이사 여사와 치옴피 광장 7번지와 아레티나 거리Via Aretina 105r번지에서 칼을 갈고 멋진 도마를 만드는 수제 칼 제작자 파비오 피구스도 빼놓을 수 없군요.

무엇보다도 여러분의 숙소에, 여러분의 집에, 여러분의 방에 들어가 창밖에 보이는 피렌체 광경을 볼 때, 그때야말로 큰 감동의 울림이 있을 겁니다. 정말 그럴 겁니다.

영혼의 음식

03

피렌체 전통 레시피

냄새와 맛을 기억하고 있으면 갑자기 그 음식을 삼키고 싶다는 욕구에 젖을 때가 있죠. 우리가 생존을 하려면 음식을 섭취해야 한다는 점을 상기해야 해요. 그것은 마치 이 세상에 태어나면 본능적으로 호흡을 하는 것과 마찬가지예요.

우리는 태어나서 곧바로 첫 숨통이 터진 후 어머니와 아버지, 혹은 그 누군가 사랑으로 책임을 져야 하는 대상이 되죠. 그 누군가는 사랑과 애정, 헌신, 지식 등을 동원해 우리에게 먹을 것을 줬죠. 만약 이런 책임감 있는 행동, 즉 음식을 주는 행동을 받아들이지 않았다면 지금 이 자리에서 말을 할 수도 없었을 거예요. 살아 있지도 못했을 테니까요. 이곳에서 소중한 삶과 삶에서 얻을 수 있는 것들, 어떤 때는 너무 아름다운 것들을 누리지 못했을 겁니다.

탄생의 첫 순간부터 함께한 모든 음식이 우리 몸에서 하루하루 어떻게 변화하는지 알아야 해요. 우리가 잘 먹으면 섭취를 '올바르게' 하는 거예요. 섭취를 '잘못'하는 것은 아무런 지식이나 정보 없이, 다시 말해 아무 생각 없이 먹는 것은 우리 스스로를 속이는 것이고, 화려한 쇼윈도와 광택제를 발라 지나치게 반짝이고 쓸모없는 포장으로 휘감은 진열장에 속는 거예요. 또 현재의 유행을 따라가다 보면 우리 마음의 소리와 상태를 듣지도 보지도 않게 돼요. 그러면 우리 스스로의 탐욕과 다른 사람들의 욕심에 휘둘리죠. 결국 언제나 단순하고 진정한 음식을 만드는 즐거운 마음에서 점점 멀어져 갈 위험에 놓인답니다.

고대 밀(몇 십 년 전까지 '천 년' 동안 밀로 영양을 섭취했으니 그렇게 아주 먼 고대는 아니에요)로 만든 빵 한 조각을 품질 좋은 올리브오일에 담가보세요. 아마 그 즉시 여러분 자신과 주위의 모든 세상이 조화를 이루는 느낌이 들고 점점 더 즐거운 마음이 커질 거예요. 간단한 달걀프라이나 허황된 겉치레와는 거리가 먼 음식과 함께라면 언제나 그럴 거예요.

건강하게 좋은 음식을 먹는 일이 이제는 사회적 의무가 됐죠. 이 의무는 우리 스스로를 감동시킬 타고난 능력을 다스려야 하는 것이 바로 우리 자신이라는 것을 알게 해줄 거예요. 이렇듯 잘 먹어야 한다는 의무감은 우리 모두에게 앞으로 다가 올 천 년을 준비해야 한다는 각오를 심어주고 있어요. 음식과 예술, 장인들의 지식과 다양한 재능을 보호하는 일이 그 준비 과정이죠. 중요한 것은 선조들이 절실한 필요성을 느껴 우리에게 유산으로 남긴 것을 우리가 경험을 통해 성숙시키고 다음 세대에 전달하는 겁니다. 이런 측면에서 피렌체는 시민 단체와 함께 매일 되살아나는 영원한 기억을 전 세계에 나눠주고 있어요. 정말이에요. 사람들은 처음에는 그 기억을 가슴 깊이 품은 채 아끼고 엄청난 사랑을 쏟아요. 그러면서 사랑을 한다는 것은 절대적으로 좋은 것임을, 특히 자유와 함께할 때 더욱 그렇다는 것을 알게 되죠.

그래요, 피오렌티노라면 누구나 자유와 피렌체, 이 두 가지를 포기하지 못해요. 토요일 아침에도 여느 날과 다름없이 분주하게 돌아가는 시장을 돌아다녀 보면 알 수 있어요. 굳이 알아야 할 필요가 있는 것은 아니지만, 알게 되면 '이곳에 생명이, 진정한 생명이 있구나'라는 확신이 잔잔하게 밀려올 거예요. 그건 좋은 느낌이겠지요. 어쩌면 전율이 흐를 수도 있고 얼굴에 홍조를 띠게 될 수도 있어요. 어쩌면 긴 한숨만 내쉴 수도 있고요. 하지만 여러분이 태어난 곳이 어디든 편안한 집에, 여러분에게 여럿이 함께 사는 공간을 열어 줄 도시 속에 있다는 것을 확실히 알게 될 겁니다.

저도 여러분과 함께 한다는 생각으로 부족하지만 제가 아는 레시피를 모아봤어요. 이제부터 그 레시피를 공개할 테니 여러분이 각자의 경험을 추가해도 됩니다. 앞에서 이미 제가 소개한 네 가지 계절 메뉴로 '휴식'을 취하셨죠? 거기에 추가적으로 몇 가지 레시피를 알려 드릴게요. 수많은 피렌체 전통 음식의 수에 비하면 정말 몇 가지밖에 안 되는 거예요. 어쨌든 제가 알려드리는 레시피 중 하나만 해봐도, 이 책에서 소개한 여러 방법들처럼, 금방 피오렌티노로서의 자격과 끈끈한 우정, 확실한 요리 실력을 갖추게 될 거예요. 그리고 그 실력을 바탕으로 수천 가지가 넘는 모든 이탈리아 요리와 세계의 요리를 아무 거리낌 없이 시도해 볼 수 있을 겁니다.

양파 수프

1 피렌체에는 이 수프를 카라바치아**Carabaccia**라고 부르는 사람도 있어요. 육수를 먼저 준비해 봅시다. 소꼬리나 큼직한 암탉, 도가니 같은 육류들을 섞어 끓이다가 넉넉한 양의 셀러리와 당근 6개, 파슬리 한 줌, 바질은 생략하고 정향유, 적양파 등 기본적인 향신료를 넣고 최소 3시간 동안 천천히 끓이세요. 여기서 황금 레시피 한 가지! 적양파를 직화로 구워 넣으면 최고의 맛을 낼 수 있어요.

2 양파를 넉넉히 준비해 채를 썰어 큼직한 냄비에서 번데기와 비슷한 색이 날 때까지 볶으세요. 여기에 미리 우려 둔 진한 고기 육수를 부으세요. 이때 육수를 낼 때 사용한 당근과 셀러리를 푸드밀로 곱게 갈아 넣어도 돼요. 이렇게 볶은 양파와 육수를 섞어 약한 불로 한 시간 정도 더 끓여야 깊은 맛을 낼 수 있답니다.

3 육수가 완성됐으면 토스카나 빵을 준비하세요. 되도록 발효종으로 만든 것을 구입하시고 속이 꽉 차고 단단할수록 좋아요. 빵을 얇게 썰어 90도 오븐에서 구릿빛이 돌 때까지 구우세요. 구운 빵을 오븐용 팬의 바닥에 한 층 깔고 진하게 우려 놓은 흰 양파 수프로 적시세요. 그 위에 강판에 간 파르마산 치즈 가루를 골고루 술술 뿌리세요. 그 위에 빵, 육수와 양파, 파르마산 치즈의 순서로 반복해서 쌓아 최소 여섯 층을 만들고, 맨 위층에는 신선한 후추를 갈아 올리세요.

토스카나 빵 때문일 수도, 육수의 조리법 때문일 수도, 혹은 피렌체에서 생산되는 올리브오일이 세계 최고여서일 수도 있는데, 한때, 그러니까 피렌체가 세계 경제의 중심지였을 때는 버터를 사용하기도 했답니다. 어쨌든 확실한 것은 파르마지아노 치즈와 이 수프에 거의 눈에 띄지 않을 정도의 타임 잎을 비밀스럽게 넣어주면 프렌치 스타일 양파 수프가 전혀 부럽지 않답니다!

삶은 소고기 수프

고기 육수를 만들어 사용하고 나면 육수와 고기, 두 가지 모두 조금 남기 마련이죠. 다음 날, 체에 걸러 냉장고에 보관해 둔 육수에 피오키니[62] 같은 아주 작은 사이즈의 수프용 파스타를 넣고 끓이다가 파르미지아노 치즈 한 줌과 육수를 낼 때 사용한 고기를 잘게 다져 넣으세요. 고기는 한 그릇 당 두 큰술 정도 넣으면 적당해요. 취향에 따라 후추까지 뿌리고 나면 기운도 북돋고 마음이 따뜻해지는 수프가 완성되죠. 특히 우리 피렌체 사람들에게는 고향에 대한 끝없는 향수를 불러일으키는 아주 친숙한 음식이랍니다.

62 fiocchini, 작은 리본 모양 파스타.

카르둔(아티초크) 소스, 혹은 카르둔 스튜

1 라구[63]를 만들 때처럼 충분한 양의 당근과 셀러리, 양파를 잘게 썰어 금색에서 구릿빛으로 변해갈 때까지 볶으세요. 가족 중에 연세 지긋한 여자 분들의 이야기를 들으니 어두웠던 시기인 1920년대에는 가난해서 채소를 볶는 동안 넣어야 할 간 고기를 넣은 적이 없다더군요. 그래서 '변형'하다 보니 쇼트 파스타나 폴렌타 같은 것을 넣은 추억의 소스가 탄생한 거죠.

63 ragu, 이탈리아 북부 볼로냐 지방의 특산 요리로 전통적으로 파스타와 함께 먹는 고기 소스이다.

2 계절에 따라 토마토소스에 아티초크를 다져 넣거나 아베토네에서 수확한 버섯을 넣기도 해요. 그리고 기름기를 추가하면 언제나 한층 더 맛이 좋아지죠. 아마 구운 빵조각으로 접시는 물론 소스를 끓이던 냄비까지 싹싹 긁어 먹을 거예요.

3 언젠가 저희 가족과 친분이 있는 엘비라가 깨끗이 씻어 손질한 아티초크를 가져왔어요. 저는 당근과 셀러리, 양파를 볶다가, 평범한 토마토가 아니라 우유를 3컵을 넣고 아티초크를 익히면서 천천히 졸였어요. 그렇게 완성된 소스에 고급 파르미지아노 치즈와 버터 밤톨만큼을 넣으니 하얗게 되더군요.

4 그때부터 저희 집에서는 이 소스를 커다란 파케리[64]에 곁들이거나 리소토를 만들 때 사용하기도 한답니다. 하지만 가끔 진하게 끓인 뜨거운 폴렌타 위에 붓거나 각종 구이 요리에 곁들이기도 해요. 저희 가족이 만장일치로 찬성하는 메뉴죠.

64 paccheri, 가운데 구멍이 뚫린 큰 튜브형 파스타.

사냥꾼의 토끼 요리

1 먼저 올리브오일에 아주 넉넉한 양의 양파 소테 끓이기부터 시작할 건데, 조리법은 두 가지가 있어요. 첫 번째는 얇게 채 썬 양파를 사용하는 고전적인 방법이고, 두 번째는 삶은 고기를 재사용 할 때와 비슷한 프란체시나**Francesina** 스타일이에요. 그런데 이 방법으로 소테를 끓일 때는 채 썬 양파가 더 많이 필요해요. 하지만 요리가 완성되면 양파가 기가 막히게 매력적인 맛을 낸답니다.

2 여러분이 첫 번째 방법을 택할 수도 있으니 설명해 드릴게요. 양파를 볶다가 갈색이 되면 다진 마늘을 넉넉히 넣고 월계수 잎 세 장과 세이지 다섯 장, 그리고 로즈마리도 아주 조금 넣어 주세요.

3 다른 팬에 토막 낸 토끼 고기도 구우세요. 고기를 살 때 가게 주인에게 여러분이 구입한 토끼가 갖고 있던 것 외에 콩팥을 두 개 더 줄 수 있는지 물어 보세요. 콩팥에 붙어 있는 소량의 깨끗한 기름기가 고기의 색을 더 먹음직스럽게 해주고(그을린 밤색이 돼요) 남들은 흉내도 낼 수 없는 독특한 향도 내줘요.

4 고기에 품질 좋은 레드 와인을 한 컵 가득 채워 넣은 후 거의 다 졸아들 때까지 끓이다가 껍질을 벗겨 푸드밀로 곱게 간 토마토 1/2킬로그램과 다른 팬에 소테 상태로 충분히 볶아 놓은 양파를 함께 넣고 저어서 섞으세요.

5 모든 재료를 너무 약하지 않은 불에서 소스가 걸쭉해지고 진한 갈색이 될 때까지 끓이세요. 이전의 식사를 소박하게 했다면, 필수 지방 섭취를 위해 엑스트라 버진 올리브오일을 한두 수저 추가해 주세요.

6 적당량의 소금과 후추로 간을 하고 함께 먹을 빵은 충분히 준비하세요. 토끼 고기도 아주 맛있지만, 소스의 맛도 기가 막혀서 빵을 찍어 먹기 딱 좋거든요. 그리고 펜네나 마케론치니 같은 쇼트 파스타 몇 백 그램 정도, 혹은 이 '대단한 소스'와 함께 즐길 수 있을 정도 분량의 폴렌타 죽을 준비해도 좋아요. 다들 이 음식을 준비한 여러분을 '위대한 요리사'로 인정할 거예요.

소고기말이

1 정육점 주인에게 소고기를 2~3밀리미터 간격으로 얇게 잘라 달라고 부탁하세요. 피렌체 사람들은 고기를 이렇게 자른 것을 '루체르톨로**lucertolo**'라고 부르지만 여러분은 그냥 편하게 소 엉덩이살이라고 해도 됩니다. 고기를 평평한 바닥에 펼쳐 놓고 소금과 후추를 우아하게 살짝만 뿌리세요. 그 위에 길쭉한 볼로냐산 모르타델라**mortadella** 소시지를 올리세요. 모르타델라를 구입할 때 되도록 가장 품질이 좋은 것을 선택해야 해요.

2 모르타델라 위에 다진 파슬리 두 꼬집 정도와 다진 마늘도 조금 올리세요. 레몬 껍질 안쪽의 흰 부분을 꼼꼼하게 제거하고 2밀리미터 너비에 5센티미터 길이로 썰어 모르타델라 윗부분 전체에 한 줄로 길게 올려놔 주세요.

3 아티초크를 깨끗이 세척해 굵은 것은 4등분, 가는 것은 2등분해서 레몬 껍질 옆에 나란히 올리고, 아티초크 위에 소금을 아주 조금만 뿌리세요. 소고기를 위쪽으로 말아 올린 후 손바닥으로 쥐어 단단히 봉하세요.

4 꼬챙이 두 개를 준비해 끝부분에서 찔러 넣어 소고기말이 안쪽으로 깊이 넣으세요. 한쪽을 꽂아 고정한 후, 고기를 돌려 반대쪽도 마찬가지 방법으로 고정해요. 그럼 아마 작은 '가방' 같아 보일 거예요. 봉합 작업이 끝나면, 크지만 깊이는 낮은 팬에 기름을 넉넉히 붓고 불을 올린 후 만들어 놓은 소고기말이를 모두 굽기 시작하세요.

5 고기가 진한 갈색을 띠면서 팬에 딱딱한 막 같은 것이 생길 거예요. 이런 게 생겼다고 이상하게 생각할 필요 없어요. 그게 비법이거든요. 막이 생기고 있을 때 마늘 몇 톨과 월계수 잎 한 장, 세이지 잎 4~5장을 넣으세요. 마늘의 색이 변하기 시작하자마자 화이트 와인을 한 컵 부으세요. 와인이 팬에 닿으면 요란스럽게 지글거릴 거예요. 이때, 작은 나무 주걱으로 고기를 들춰보면 고기는 약간 갈색을 띠고 팬 바닥은 탄 듯해 보일 거예요. 하지만 몇 초만 더 두면 탄 자국은 깨끗이 사라지죠.

6 이제 적당량의 토마토를 껍질을 제거해 푸드밀에 갈아서 넣어줄 건데, 소스의 기본 재료로만 사용되는 것이니 너무 많이 넣지는 마세요. 토마토가 끓기 시작하면 크기는 조금 더 작지만 옆면이 어느 정도 높은 냄비로 모든 재료를 옮겨 담고 약한 불에 올리세요. 조리 시간은 고기의 육질과 숙성 정도에 따라 다르니 직접 확인해 보면서 조절하세요. 젓가락이나 꼬챙이로 찔러 아티초크가 있는 부분까지 집어넣고 얼마나 부드러워졌는지 확인하세요. 아티초크가 이때까지

단단하다고 걱정할 필요는 없어요. 열기가 안쪽까지 들어가 시간이 지나면 다 익는답니다.

7 밖으로 빠져 나온 모든 풍미가 다시 고기 안으로 스며들어가도록 잠시 그대로 두세요. 물에 데친 시금치에 마늘, 페페론치노를 넣고 살짝 볶으세요. 접시에 시금치를 펼쳐 놓고 소스를 두른 후, 소고기말이를 올리세요.

여러분과 함께 식사를 할 사람에게 내용물을 보여주고 싶으면 가운데 부분을 한 번만 잘라서 벌려 놓으세요. 여러분이 직접 이 요리를 해보면 말이 만드는 방법을 정말 다양하게 응용할 수 있겠다는 생각이 들 거예요.

브라치올리네와 껍질콩 소스

1 라구를 만들 때처럼 양파와 셀러리, 당근을 볶다가 여느 때와 다를 바 없이 연한 동색에서 구릿빛을 띠기 시작하면 멈추세요. 이번 요리에서도 덜 볶아도 더 볶아도 안 돼요.

2 브라치올리네를 몇 장 넣어 팬의 온도를 낮추세요. 브라치올리네**bracioline**는 토스카나 지방에서 너무 얇지는 않지만 4밀리미터는 넘지 않는 두께의 고기를 부르는 말이에요. 비키에레**bicchiere**나 로세타**rosetta**, 루체르톨로**lucertolo**도 같은 종류의 표현인데, 앞에서부터 두께가 얇아져서 루체르톨로가 가장 얇게 썬 거예요. 어쨌든 여러분이 준비한 브라치올리네를 채소 소테에 넣고 센 불로 볶으세요.

3 볶기가 쉽지 않으니 집중해서 마무리하세요. 여느 때와 다름없이 레드 와인 한 컵을 넣고 재빨리 증발시킨 후, 껍질을 벗겨 갈아 놓은 토마토를 넣어 고기의 색을 내는 과정을 끝내세요. 약간의 물을 추가해 소스와 브라치올리네의 조리 시간을 늘리세요. 육수가 있으면 물 대신 넣어도 돼요.

4 끓이는 동안 고기가 얼마나 부드러워졌는지 자주 확인하고, 다 익으면 고기만 꺼낸 후 적당한 분량의 껍질콩을 추가해 소스를 끓이세요. 다시 한 번 천천히 끓이고, 모든 재료가 다 익으면 꺼내 놨던 브라치올리네를 다시 냄비에 넣고 고기 접시와 사이드 메뉴를 준비하세요. 사이드 메뉴를 조금 푸짐하게 준비했다면 브라치올리네 소스가 조금 남을 수 있을 거예요. 그럼 쇼트 파스타 소스로 활용할 수 있어요. 서민들이 기름기를 잔뜩 먹을 수 있는 요리죠.

5 파스타를 할 경우 마지막에 버터 호두알만큼과 파르미지아노 치즈 한 줌을 넣으세요. 고기와 껍질콩의 맛이 강한 편이니까 균형을 맞추려면 함께 먹는 빵은 소박한 맛으로 준비해야죠. 껍질콩 대신 시금치 한 줌을 잘게 다져 넣어도 돼요. 이렇게 하면 조리 시간은 줄어도 맛은 뒤지지 않아요. 시금치는 소금물에 한 번 데쳐서 다진 후에 마늘과 함께 볶고, 브라치올리네 소스를 시금치와 함께 낼 또 다른 사이드 메뉴로 사용하세요.

6 이 레시피에는 저만의 특별한 비법이 있는 건 아니에요. 그다지 어렵지 않은 요리인데 여러분의 입장에서는 단 한 가지, 좋은 고기를 찾는 일이 어려울 수 있어요. 그렇다면 정육점 주인과 친분을 쌓으세요. 이렇게 상인들과 친분을 쌓다 보면 음식을 만드는 일이 사교성과 용기를 키우기도 한다는 것을 알게 될 거예요.

조린 껍질콩

속이 깊은 냄비에 익히지 않은 껍질콩을 깨끗이 세척해 넣고 얇게 채 썬 양파도 충분히 넣으세요. 다진 마늘과 껍질 벗긴 토마토 조금과 후추, 페페론치노 고추, 소금, 다진 파슬리, 그리고 다 끓이고 나서 잘게 썬 바질도 넣으세요. 올리브오일은 넉넉하게 넣으시고요.

조리 시간은 껍질콩의 상태와 여러분의 인내심에 따라 달라지지만, 껍질콩을 씻으면서 묻은 수분과 토마토의 수분, 올리브오일이 너무 빨리 증발하지 않도록 약한 불에서 끓이기를 권장합니다. 그리고 재료가 다 익기 전에 수분이 다 사라졌으면 물을 몇 수저 정도 추가하셔도 돼요. 이 음식은 뜨거울 때 먹는 게 아니라, 미지근하거나 차가워야 가장 매력적인 맛을 음미할 수 있어요.

프란체시나, 재탕한 삶은 소고기

1 너무 많다 싶을 정도로 적양파를 넉넉히 준비해 얇게 채 썰어 주세요. 널찍하지만 깊이는 얕은 팬에 올리브오일을 충분히 붓고 양파가 색이 나도록 볶다가 약간의 물을 넣어 숨을 죽이세요. 물이 다 증발된 후에도 양파를 계속 볶아야 해요. 인내심과 화력, 재료를 젓는 팔의 힘이 필요하고 양파의 색이 변화하는 과정을 지켜보고 적당히 볶인 상태를 판단할 줄도 알아야 하는 작업이죠. 금색을 띠기 시작해 동색을 거쳐 진한 갈색이 될 때까지 참을성 있게 볶아 주세요.

2 양파가 다 볶였으면 양파와 사용하고 남은 삶은 소고기의 양과 비례해 마늘을 넣는데, 마늘을 좋아하면 더 많이 넣어도 됩니다. 월계수 잎을 두 쪽으로 잘라 강도를 살펴보고 냄새도 맡아 봐서 2장에서 4장 정도 넣으세요. 신선한 잎은 엽록소에서 나오는 쓴맛이 너무 많고 향기는 부족하답니다.

3 껍질 벗긴 토마토를 조금 넣어 전체적으로 온도를 낮추고, 다시 끓기 시작하면 곧바로 작게 자른 삶은 소고기를 넣으세요. 수분이 너무 부족한 것 같으면 육수를 한 컵 넣으시고요. 그런데 어떤 고기는 부드러운 덩어리로 남아 있고 어떤 것은 완전히 부스러질 거예요. 저는 어떤 것이 더 좋은지 모르겠어요. 어쨌든 두 경우 모두 후추는 넉넉하게 뿌려야 해요.

저는 고기가 으스러졌을 때 가끔 튀긴 감자를 넣기도 하는데, 감자가 고기보다 훨씬 많을 때는 '펠리치아 스튜'[65]라고 부르며 즐거워하죠. 이 음식은 완성된 후에 어느 정도 휴지기를 두어서 양념이 충분히 스며들고 맛과 향이 어우러지게 해야 한다는 것을 잊지 마세요.

65 spezzatino di pelliccia, 조각난 모피라는 뜻.

고기 조각이 클 경우, 이유는 정확히 모르겠지만 피렌체에서는 '프란체시나'라고 불러요. 제 개인적으로는 이렇게 생각하고 싶어요. 이탈리아가 프랑스와 농담 반 진담 반으로 경쟁 관계에 있잖아요? 그런데 어느 젊은 프랑스 아가씨를 두고 쟁탈전을 벌이던 이탈리아 청년이 양파를 넣어 다시 한 번 끓인 쇠고기 요리를 만들어 선물해야겠다는 생각을 한 것이 아닐까 합니다.

피렌체식 완두콩 요리

1 싱싱하고 맛있는 완두콩 1/2킬로그램의 껍질을 벗기세요. 중간 크기에 옆면의 높이는 중상 정도 되는 냄비에 완두콩을 넣고 아직 익히지 않은 상태에서 햇마늘 한 수저와 아주 작은 크기로 썬 프로슈토 햄의 기름과 살코기를 섞어 한 수저 듬뿍 넣으세요.

2 잘게 다진 파슬리도 수저가 넘칠 정도로 듬뿍 한 번 넣으시고요. 제 입맛에는 후추도 넉넉하게 넣는 게 좋더군요. 그런데 소금은 주의해서 넣어야 해요. '적당히' 넣으라고 했다고 평소 여러분이 생각하는 적당량을 넣는 것이 아니라 프로슈토에서 나오는 소금기를 염두에 두어야 해요.

3 올리브오일 약간과 서서히 끓을 수 있도록 물도 한 컵 넣으세요. 완두콩이 말랑하지만 부서지지는 않으면 다 된 거예요. 이 상태가 될 때까지 아마 수없이 먹어보면서 확인해야 할 거예요. 이렇게 되면 불을 끄고 남몰래 비정제 설탕을 깎아서 한 수저 넣으세요. 이 단맛을 넣을 때와 아닐 때의 차이가 정말 엄청나요. 미지근하거나 차가운 상태에서 여러분의 완두콩은 '창작의 경이로움'이 무엇인지 아주 정확히 알게 해줄 거예요.

앞으로 살면서 한두 번 정도는 완두콩을 낭비해 보세요. 무슨 말이냐면, 에밀리아 지방의 탈리올리니나 리구리아 지방의 트로피에**trofie**, 나폴리의 푸실리**fusili**, 풀리아 지방의 오레키에테**orecchiette**, 혹은 여러분 마음에 드는 다른 지역에서 생산한 파스타 몇 백 그램과 피렌체산 완두콩을 작은 냄비에 넣고 끓여 파스타의 풍미를 올려 보라는 거예요. 완성된 파스타 접시를 앞에 두면, 그 누구라도 여러분에게 진심으로 고마운 표정을 지어 보일 겁니다. 정말인지 아닌지 직접 해보세요.

로스트비프

1 로스트비프를 하려면 소고기 우둔살을 1.4~1.6킬로그램 정도 구입해야 해요. 고기 손질을 잘하는 사람이 잘라 준다면 아마 사다리꼴 모양으로 잘라 줄 거예요. 냄비도 중대형으로 평생 쓸 수 있는 것으로 하나쯤 마련하면 육류를 로스팅할 때 센 불로 완벽하게 할 수 있죠.

2 로스트비프의 경우 기름을 2센티미터 정도 채워야 해요. 10~12분 동안 고기 덩어리를 돌려가며 사방이 모두 완전히 진한 갈색이 되도록 구우세요. 레드 와인(정확히 발하자면 키안티 와인) 한두 컵을 붓고 센 불로 올려 고기를 자주 뒤집어 주면서 10분간 알코올을 증발시키세요. 불을 끄고 10분간 두세요. 그럼 레어 상태의 로스트비프 완성이에요.

3 고기의 기름기가 육즙과 와인 증기와 어우러질 거예요. 소금과 후추를 적당히 뿌리는데, 나중에 편으로 썬 모든 고기에 맛을 낼 소스를 만들려면 냄비에 남은 국물에 소금기가 더 들어간다는 점을 염두에 두고 간을 하세요.

로스트비프를 완성하는 방법은 수없이 많지만, 인기 있는 레시피 한 가지를 예로 들어 볼게요. 마늘 세 톨과 잘게 자른 세이지 잎 4장, 다진 로즈마리 약간을 냄비에 뿌리고 몇 분 후 레드 와인을 넣으세요. 이런 재료들이 없을 경우, 여러분의 식료품 창고를 열어 보세요. 여러분이 프랑스 사람이 아니라면 몇 달 동안 까맣게 잊고 있었을 디종 머스터드 소스가 오른쪽 맨 아래 어딘가에 있을 거예요. 머스터드 소스병을 갖고 와서 와인을 넣은 직후에, 와인 증기가 거의 사라질 무렵에 서너 수저 넣으세요. 이유는 모르겠는데 저희 어머니는 이 최고의 프랑스 스타일을 영국식 로스트비프라고 부르셨답니다. 마지막으로 제가 좋아하는 방법 하나 더 알려 드릴게요.

이 방법은 냄비나 대용량 그릴 기능이 있는 오븐에서 할 수 있어요. 가늘고 긴 칼로 고기 덩어리를 완전히 관통시켜 구멍을 내세요. 그리고 세이지 잎을 넉넉히 다지고 로즈마리와 레몬제스트, 다진 마늘, 소금, 그리고 후추도 충분히 넣어 섞으세요. 티스푼과 손가락을 이용해 고기에 낸 구멍 전체에 고르게 집어넣으세요. 냄비를 이용할 경우 첫 번째 방법과 조리 시간이나 과정이 똑같아요. 오븐을 사용할 경우에는, 감자를 작게 썰어 올리브오일을 충분히 발라 고기 주위에 펼쳐 놓는 것 잊지 마시고요. 그릴을 이용하면 고기의 색이 금방 완벽하게 나기 때문에 총 가열 시간을 20분을 넘기지 말고 오븐에서 꺼내야 해요. 감자는 오븐에 다시 넣어 최대한 바싹 구워 주세요. 이렇게 조리할 경우 고기를 자르면 피가 꽤 흘러나올 텐데, 이건 고기 기름과 감자에 조미료처럼 뿌리세요. 그리고 구멍을 뚫어 넣었던 향신료들은 손님들에게 고기에 골고루 펴 발라서 드시라고 하세요.

감자를 곁들인 비프 스튜

1 소고기 우둔살을 3센티미터에서 최대 4센티미터 크기의 사각형으로 자르세요. 어느 정도 깊이가 있는 냄비에(중간 크기의 냄비) 올리브오일을 1/2센티미터 정도 채운 후 고기를 넣고 구우세요. 센 불에서 재빨리 겉면을 구워 수분이 빠져나오지 못하게 하세요.

2 굽기를 끝내기 전, 그러니까 고기가 완전히 갈색이 되기 직전에 넉넉한 양의 마늘과 세이지 잎, 아주 약간의 로즈마리를 넣으세요. 이 향신료들도 올리브오일의 강한 열기를 느끼게 해주고, 색이 아주 약간 변하면 껍질을 벗겨 푸드밀에 간 토마토를 조금 넣어 온도를 낮추세요. 이때 1차로 소금을 적당히 넣어 간을 하는데, 끓이는 중이나 재료 추가로 맛을 볼 때 조절할 수 있으니 너무 짜지 않게 하세요.

3 매운 맛을 좋아하면 후추를 넉넉히 뿌리고 페페론치노 고추도 넣으세요. 노란 감자도 성글게 으깨 넣으세요. 예전에 가난하던 시절에는 고기를 조금 넣고 감자를 많이 넣어서 양을 늘리는 지혜를 발휘했죠. 살시차 소시지를 넣어서 건더기는 누군가에게 상으로 주고 국물 맛은 다 같이 즐겨도 되고요. 감자가 거의 다 잠길 정도로 물이나 육수를 부으세요. 이제 천천히 끓이세요.

다 끓인 후에는 고기가 끓이기 전의 상태로 돌아가도록, 즉 고기 내부의 열로 인해 확장됐던 세포들이 냉각되면서 다시 수축되도록 휴식기를 줘야 해요. 수축되면서 냄비 안의 맛과 향을 흡수한답니다. 뜨거울 때도 맛있지만 약간 식어 미지근할 때가 훨씬 맛있어요.

제가 차가운 감자 스튜의 특별한 맛을 알게 된 것은 젊은 시절 밤늦은 귀가 덕분이었어요. 사려 깊은 부모님이 신의 실수라고는 결코 생각할 수 없는 이 음식의 특성을 아시고 깊은 밤, 차갑게 식었을 때 더 맛있게 먹으라고 차려 두셨던 거죠. 냄비 설거지는 천연의 엔도르핀을 엄청나게 분출시켜 정신 건강에 도움을 줄 거예요. 엔도르핀 덕분에 여러분의 뇌에서 오래된 부분이 다시 활기를 띠게 될 겁니다.

피렌체식 소고기 찜

1 여러분의 단골 정육점에 가서 숙성이 잘 된 우둔살을 달라고 하세요. 편한 방법은 두 개의 냄비로 시작하는 거예요. 첫 번째 냄비에는 당근과 셀러리, 양파를 넉넉히 다져 넣고 갈색이 될 때까지 볶고, 두 번째 냄비에서는 약간의 올리브오일을 두르고 센 불로 신속하게 고기를 뒤집어가며 사방이 고르게 갈색이 되도록 구우세요. 고기가 탈 걱정은 하지 않아도 돼요.

2 고기를 꺼내 채소를 볶던 냄비에 넣고 레드 와인 2컵을 부어 김이 오르게 한 후, 껍질을 벗겨 푸드밀에 갈아 놓은 토마토를 넉넉히 400그램(소고기 1.5킬로그램당 400그램) 넣으세요. 육수가 있으면 육수를, 없으면 물을 모든 재료가 거의 완전히 잠길 정도로 부으세요. 아주 약한 불에서 정확히 20분에 한 번씩 고기를 뒤집으세요. 고기의 무게와 숙성 정도, 품질에 따라 조리 시간이 결정되지만, 너무 걱정할 필요는 없어요. 3시간 후에 고기를 꺼내 인내심을 가지고 식히세요. 그리고 아주 잘 드는 칼로 맨 윗부분을 수평으로, 0.5센티미터가 조금 안 될 정도로 얇게 자르세요.

3 또 한 번 인내심을 발휘해 세 번째 냄비를 준비하세요. 이번에는 작지만 깊은 냄비여야 해요. 이 냄비에 작은 국자로 소스를 한 국자 넣으세요. 소스 위에 고기를 3~4장 넣고 그 위에 다시 소스, 그 위에 고기, 또 다시 소스, 이런 식으로 쌓으세요. 주의할 점은 냄비의 밑바닥에는 덜 익은 고기를 중앙에 오도록 넣고, 맨 위에는 고기 덩이의 양쪽 옆에 이미 잘 익은 고기를 올리세요. 이 옆 부분의 고기는 이때쯤이면 아기 엉덩이처럼 충분히 부드러운 상태일 거예요. 고기가 완전히 다 덮이도록 소스를 모두 넣고 소금으로 간도 맞추세요. 맨 위에 올린 아기 엉덩이처럼 부드러운 진짜 엉덩이 살로 간을 보는데, 이 점을 염두에 두셔야 해요. 소스와 닿는 부분은 더 많이 익고 안쪽에 있는 고기보다 소금을 더 많이 흡수할 거예요. 그러니까 가장자리에 있던 살(냄비의 맨 위에 올렸던 거기)의 간이 잘 됐는지, 못 됐는지에 따라 안쪽의 고기가 '맛이 없어질 수도' 있어요. 그러니 이때 간을 해야 하는데, 모든 고기 조각이 완벽한 풍미를 갖추게 하려면 평소보다 약간 더 세게 간을 해야 해요. 로즈마리나 세이지, 마늘을 좋아하면 처음에 채소를 볶아 소테를 만들 때 마지막 단계에서 넣으시고요.

4 오븐용 팬에 세 번째 냄비를 넣어 이중 가열 구조를 간단하게 만들어 전체적으로 다시 열을 가하기 시작하세요. 이 마지막 조리 시간이 한두 시간은 걸릴 거예요. 속까지 다 익으면 냄비를 꺼내 휴식기를 주세요. 식으면서 고기들이 모든 향과 맛을 흡수할 거예요.

이 요리는 뜨거운 상태의 삶은 감자를 푸드밀로 간 후, 뜨거운 우유와 넉넉한 양의 버터, 파르미지아노 치즈를 넣고 저어 만든 매시 포테이토와 함께 차리세요. 이것저것 많이 저어야 하는 힘든 요리이기는 하지만, 어떤 과정이든 대충하면 안 돼요. 고기 요리를 하느라 힘들었다고 감자를 전기 믹서로 갈면 감자 입자가 사라지고 크림처럼 돼서 푹 익은 소고기 찜과 함께 먹으면 별로 재미가 없어요. 시간이 많이 걸리고 힘도 드는 과정이지만 약간의 인내와 여성적인 차분함을 동원하면 훌륭한 전통 음식이 탄생하고, 여러분 개인의 입장에서는 여러분만의 새로운 명상의 전통을 만드는 기회가 될 거예요.

피렌체식 소 족발

소 족발을 세 시간에서 세 시간 반 이하로 삶은 후, 조심스럽게 뼈를 발라내고 칼로 피렌체식 곱창과 똑같은 크기로, 즉 가로세로 1×4센티미터로 자르세요. 레시피도 피렌체식 곱창과 똑같아요. 다만 두 배 용량의 버터나 파르미지아노 치즈와 섞는 과정은 제외 돼요.

파르미지아노 치즈는 족발을 서빙 접시에 담은 후 위에 뿌려주는 용도로 사용해요. 이 소 족발은 고향을 추억하는 음식, 혹은 식도락가들을 위한 음식이에요. 엄청난 양의 빵과 와인이 필요한 음식이고요. 이 음식을 먹기 전과 후에는 필수적으로 금식을 해야 하죠.

피렌체식 소 곱창

여러분이 피렌체의 곱창 장수들이 공급하는 품질 좋은 곱창을 구할 수 있을지 모르겠군요. 그러니 여러분이 피렌체에서 적어도 이틀, 혹은 아예 남은 평생을 그냥 눌러앉아 살기로 결심을 해야 이 요리를 해볼 수 있어요. 피렌체에서는 신의 섭리를 무조건 믿으면 안 돼요. 간혹 곱창을 수산화나트륨으로 표백하는 말도 안 되는 악마 같은 사람들이 있죠. 하지만 우리 피렌체에서는 피렌체 곱창 상인 조합에서 매일 찜통을 이용해 곱창을 세척한답니다.

이 증기 세척 기술로 곱창에서 나는 특유의 냄새에서 벗어난 지가 이제 거의 천 년이 됐어요. 곱창이 분홍색이 되게 하려면 정말 많은 지식이 필요했겠죠! 곱창의 세척 방법에 대한 주장도 참 많았죠. 예를 들어 제 어머니는 일단 곱창을 주방으로 가지고 들어오면 물을 넉넉히 받아 식초를 풀고 담가 놨다가 1센티미터 너비에 4센티미터 길이로 잘라야 한다고 말씀하시죠. 깨끗한 물로 갈아가며 다섯 번 헹구면 식초 냄새와 조금 남아 있던 기름기도 사라질 거예요.

1 양파와 당근, 셀러리를 볶기 시작할 건데, 이번에는 양파를 당근과 셀러리 양의 세 배 정도 되도록 넉넉하게 준비하세요. 양파가 금색에서 확실한 구릿빛이 될 때까지 볶으세요. 그리고 구릿빛이 이제 곧 진한 갈색이 될 것이지만 아직은 아닌 상태가 될 때까지 기다리세요. 이때 껍질을 제거한 토마토를 넣어 냄비의 온도를 낮추는데, 토마토의 크기에 따라 두 개에서 네 개 정도 넣으면 됩니다.

2 토마토를 으깨고 다시 열기를 올린 후 곧바로 곱창을 넣으세요. 약한 불로 가열해 세척 과정에서 생긴 수분이 모두 빠져나오게 하세요. 어떤 지역에서 온 어느 정도 품질의 곱창인가에 따라 가열 시간은 30~40분에서 60분까지 소요될 수 있어요. 분홍색 마늘 두 톨과 정향 하나를 넣는데, 이건 접시에 담기 전에 제거할 거예요. 콜로디(토스카나 출신의 《피노키오》 작가)의 조리법을 한번 따라해 볼까요? 여러분이 준비한 곱창의 두 배 분량의 버터와 파르미지아노 치즈를 섞으면 앞으로 아주 관대하게 살 수 있을 거예요.

흑양배추 수프와 피렌체식 스테이크

66 이슬람의 코란 경전에 등장하는 일곱 개의 천공 중 물질 세계에서 가장 멀리 있고 초월자에게 가장 가까운 하늘.

1 옥수수가루는 보통 폴렌타 죽을 끓일 때 사용하는 양의 절반만 사용할 거예요. 즉, 물 1리터에 옥수수가루 200그램, 올리브오일 30밀리리터를 사용하는데, 올리브오일은 되도록 갓 짜낸 것이면 좋겠죠. 이밖에 마늘을 넉넉하게 다져 놓고 흑양배추도 잘게 썰어 데칠 수 있게 준비해 두고 흑후추도 아주 충분히 갈아 놓으세요. 믹서에 준비한 모든 재료를 넣고 파르미지아노 치즈 가루도 듬뿍 넣고 섞어 주세요. 끓이기 시작하고 20분이 지났을 때 수분을 머금은 이 흑양배추 수프를 반드시 수저를 이용해서 접시에 담아야 일곱 번째 하늘[66]을 경험할 수 있어요.

2 이제 피렌체식 스테이크를 만들어 볼까요? 여러분이 피렌체 정육점과 거래가 없거나, 특별히 생각나는 메뉴도 없고 피렌체식 스테이크에 대해 깊이 파고들고 싶지도 않다면, 그릴이나 벽난로를 비롯해 불을 지필 수 있는 무엇인가가 하나도 없다면 신의 선물인 이 스테이크를 먹겠다는 생각은 접어야 해요. 저희 아버지의 말씀을 빌자면 그렇답니다. 찾아보면 최상급 고기를 구할 수 있고 숙성까지 제대로 되어 있다면 필연적으로 얻게 될 감동적인 결과물로 가는 첫걸음을 떼기 시작하는 거예요. 어머니는 고기를 너무 두껍게 자른 것도, 크기에 비해 너무 무거운 것도 피해야 한다고 항상 말씀하셨어요. 피렌체식 스테이크의 두께는 최대 성인 남자 손가락 세 개 정도, 최소 성인 여자 손가락 세 개 정도여야 한다는 것을 알아 두세요. 일반적인 단위로 환산하면 뼈까지 최대 1,400~1,600그램 정도 되죠. 여러분의 스테이크 두께를 측정하는 또 다른 방법이 있어요. 그건 바로 가정용 성냥인데요, 무게는 달라질 수 있어도 성냥 길이 정도의 두께면 항상 적당하답니다. 고기는 조리하기 최소 8시간 전에 냉장고에서 꺼내 이물질이 묻지 않도록 천 같은 것을 덮어 안전한 곳에 둬야 해요. 실온에서 육류를 숙성시켜 본 경험이 있어서 자신이 있다면 최대 24시간까지 연장해도 됩니다.

3 피렌체식 스테이크를 제대로 만들려면 나무 숯이 중요해요. 여러분의 능력을 최대한 발휘해야 하는 부분이죠. 숯은 아주 일찌감치 넉넉하게 준비해서 새빨갛게 달아올라 화력이 최고에 이르게 하셔야 해요. 고기를 그릴에 올리기 몇 분 전에 작은 올리브나무 가지를 한 다발 준비하세요. 잔가지들을 숯 위에 가지런히 펼쳐 놓으세요. 잎과 가지에서 연기를 내기 시작하면서 곧 불이 붙을 것처럼 보일 거예요. 이때 나타나는 두 가지 상황을 재빨리 포착하세요. 첫 번째 상황은 숯 위에 재가 작은 층을 이루는데, 이 층이 고기에서 처음 떨어지는 기름을 흡수하는 거예요. 그럼 이 기름에는 불이 붙지 않아 불쾌한 그을음 냄새(양초를

막 껐을 때 나는 냄새)가 나지 않죠. 두 번째 상황은 고기의 한쪽 면을 처음 구울 때의 5~6분과 고기를 뒤집어 반대쪽을 구울 때의 5~6분 동안 불에 그슬린 올리브 잎의 미세분자들이 고기의 그슬린 부분에 자리를 잡아요.

스테이크를 도마에 놓고 소금과 후추로 간을 한 후 칼로 잘라보면 제 말을 이해할 수 있을 거예요. 맨 처음 잘랐을 때 거의 숯 검댕이 같은 시커먼 것이 보이거든요. 고기를 자르고 나서 피가 흐르도록 내버려 두면 잠시 후 아주 약간의 수분이 나와 도마에서 이 검댕과 섞일 거예요. 이때 곧바로 고기를 작게 잘라 도마에 문질러 보세요. 제가 앞에서 말한 과정이 왜 필요한지, 겉으로 보기에는 원시적인 이런 처리가 얼마나 현명한지 알게 될 겁니다. 불에 탄 올리브나무에 묻은 기름 입자가 맛을 내는 요소인데, 혹시 로즈마리나 세이지, 월계수 같은 향신료를 사용하고 싶다면 그냥 그릴 스테이크를 비롯한 수많은 형태로 변형할 수 있어요. 그러면서 여러분은 점점 피렌체 요리사의 길로 접어들 거예요.

피렌체식 리소토

저희 어머니는 일요일이면 육수와 고기 소스를 한 컵 가득 남겨 뒀다가 월요일 저녁 식사에 다시 한 번 사용하셨어요. 고기 소스에 육수를 넣어 양을 늘리고 거기에 쌀을 넣으셨죠. 그것도 그냥 넣는 것이 아니고 냅킨에 쌀을 올리고 양쪽 끝을 매듭을 지은 다음 끓는 국물 위로 조금씩 살살 부으셨어요. 그러면 국물 위로 손가락 두 마디만한 작은 언덕이 생겼죠. 어머니는 냄비의 양쪽 손잡이를 잡고 시계방향으로 몇 번, 시계반대방향으로 빙글빙글 돌려 쌀 언덕이 조금씩 국물 아래로 가라앉게 하셨어요. 그리고 그 상태로 한 4분 동안 쌀을 전혀 건드리지 않고 내버려 두시기에 제가 궁금해서 이유를 물었어요. 어머니는 그 시간 동안 쌀 알갱이의 껍질이 말랑해지라고 그러는 거라고 하셨어요. 그래야 전분이 빠져나가지 않는다고요. 쌀을 넣자마자 성급하게 주걱으로 저으면 리소토가 끈적이고 쉽게 타기도 한다고요. 쌀을 넣고 20분 후 리소토가 완성되면 잊지 않고 호두 크기만큼의 버터와 파르미지아노 치즈를 넉넉하게 한 줌 넣고 모든 재료가 잘 섞이도록 저으셨죠. 고기 소스 라구에 대해서는 제가 전에 쓴 책을 구입해서 찾아보세요.

피렌체식 포마드 바칼라

1 바칼라**baccalà**는 소금에 절인 대구예요. 이 요리에 바칼라를 사용하려면 먼저 찬 물을 가득 받아 담갔다가 자주 물을 갈아주면서 소금기를 빼줘야 해요. 어느 정도 되살아난 것 같으면 끓는 물에 10분 동안 넣어 두세요. 그런 다음 불을 끄고 15분 동안 휴지시켜 주세요. 바칼라의 품질이 괜찮으면 지금까지 설명한 과정을 그대로 따라했을 때 조각조각 부서지고 손으로 만졌을 때 콜라겐이 느껴져야 해요. 지방살도 바칼라와 함께 사용할 거니까 잘 두세요.

2 적당한 양의 우유를 따끈하게 데워 폭은 좁고 테두리는 높은 냄비에 붓고, 바칼라 1/2킬로그램, 피렌체 산간 지방에서 생산한 엑스트라버진 올리브오일 2리터, 미리 삶아 놓은 감자 300그램과 함께 힘차게 저으면 세상에 둘도 없이 멋진 포마드가 될 거예요. 약간의 마늘과 후추, 파슬리, 페페론치노와 올리브오일을 넣는 제 레시피를 자랑하고 싶군요. 그리고 저는 개인적으로 차가운 상태로 살짝 구운 빵에 발라먹는 것을 좋아한답니다.

차-차 브라치올리네

1 이건 제가 아주 꽁꽁 감추고 있던 비법 중 하나인데 여러분에게 공개하도록 하죠. 이 스테이크를 할 때 알루미늄 프라이팬을 사용해 보세요. 그리고 고기를 올리기 전에 팬을 아주 충분히 예열하시고요. 물론 고기도 중요하죠. 단골 정육점에서 잘 된 우둔 살코기 부분을 달라고 하세요(토스카나 지방에서는 이 부분을 '비키에레'라고 불러요). 숙성이 잘 된 우둔 살코기를 편으로 썰면 아마 두서너 장은 나올 거예요. 피렌체에서는 이렇게 편으로 썬 고기를 '브라치올라**braciola**'라고 부르는데, 브라치올라는 '부스러기'라는 뜻이에요. 그런데 이 요리에서는 붉은 고기의 두께가 한 장에 최소 2센티미터이고 4센티미터면 더 좋으니 결코 부스러기 '브라치올라'라고 할 수 없죠. 이 요리는 뼈가 붙은 스테이크가 완벽하게 나와요. 이 경우 고기를 5센티미터 두께로 자르세요.

2 쿡탑 가까이에 반으로 가른 레몬 하나와 호두 두 알 크기의 버터, 그리고 원래 사용하던 올리브오일을 준비해 두세요. 고기는 요리를 시작하기 몇 시간 전에 냉장고에서 꺼내 실온에 두시고요. 이렇게 준비가 다 된 상태에서 팬이 아주 뜨겁게 달궈졌을 때 한 번에 얼른 고기를 올리세요. 그럼 요란스럽게 탁탁거리기 시작하면서 '차'하는 소리를 낼 거예요. 포크 뒷면으로 고기를 가볍게 누르고

3분이 지난 뒤, 처음과 마찬가지로 매우 빠른 손놀림으로 팬에서 이제까지 고기가 닿지 않았던 부분에 뒤집어 놓으세요. 그럼 두 번째로, 이번에도 요란스럽게 '차'하는 소리를 낼 거예요. 뼈가 있는 고기를 구울 때는 한 면당 2분씩 더 구우세요. 소금을 뿌릴 때 프라이팬 바닥에 끈적이는 갈색 그을음이 생기는 게 보일 거예요. 생기는 게 당연해요. 고기를 뒤집어 반대쪽에도 소금을 뿌리고 6분이 경과했을 때, 혹은 뼈 있는 스테이크를 할 경우에는 10분 째에 프라이팬에 호두 두 알 정도 분량의 버터를 넣으면 요란스럽게 녹을 거예요.

3 반 가른 레몬도 고기 위에서 즙을 짜서 뿌리면, 이번에도 아주 소란스럽게 '차!'하는 소리를 낼 거예요. 이때, 포크로 브라치올라를 살짝 찔러 뒤집어서 레몬 섞인 버터와 끈적이는 갈색 그을음을 묻히세요. 그럼 그을음이 녹으면서 프라이팬 바닥이 다시 깨끗해질 거예요. 올리브오일을 몇 방울 넣으면 버터가 녹아 부글거리던 것이 잠잠해지고 신맛이 약간 나는 맛있는 소스가 고기 전체에 감돌게 되죠. 어떤 경우든 조리 시간은 위에서 제가 말한 시간을 초과하면 안 됩니다.

최상급 고기는 물론 어떤 고기든 피를 머금고 있어야 하고, 단순한 것 같지만 알루미늄 프라이팬이 아주 뜨겁게 잘 예열되어 있어야 '차-차' 하는 소리를 들을 수 있어요. 한 조각만 구울 때 가장 훌륭한 스테이크를 기대할 수 있고, 그다음은 두 장, 네 장까지는 괜찮아요. 혹시 여러분이 스테이크 굽기의 달인이고 특대형 화구를 갖고 있다면 여섯 장까지도 도전해 봐도 될 것 같아요. 제 아이들은 친구들에게 제 가정식 요리에 대한 이야기를 할 때, 마지막에는 꼭 이 차-차 브라치올리네를 소개한답니다. 저는 그게 참 뿌듯하더군요.

감기 예방 곱창 샐러드

혹시 여러분이 분홍 곱창을 1킬로그램 정도 갖고 있다면(유럽의 절반에 돌고 있는 수산화나트륨으로 표백한 하얀 곱창 말고 이탈리아 곱창 상인들이 증기 시스템으로 세척한 분홍 곱창을 말하는 거예요) 이 요리를 할 수 있어요. 아니, 꼭 해봐야 해요.

1 곱창을 1/2센티미터 너비에 4센티미터 미만의 길이로 자르세요. 큰 볼에 물을 넉넉히 채운 후 식초 반 컵을 타고 잘라 놓은 곱창을 10분 동안 담가 두세요. 피렌체식 곱창 요리를 할 때와 똑같은 전처리 과정을 하는 거예요. 곱창의 물기를 빼고 흐르는 물에 다섯 번 헹구면 냄새가 너무 심한 지방 입자들이 사라질 거예요. 이제 물기를 빼고 건조하면 그대로 소금에 찍어 먹어도 돼요. 저는 도저히 참을 수가 없어서 이 단계에서 꼭 집어먹고 만답니다. 여러분도 먹어 보면 이해가 될 거예요.

2 곱창 샐러드를 계속 만들어 볼까요? 적양파 하나와 당근 두 개, 셀러리 줄기 한 대를 식도나 반달칼로 다져서 섞으세요. 마늘 두 톨도 잘게 다지고 올리브오일 1/2컵에 레드 와인 식초도 4수저 넣으세요. 페페론치노 간 것이나 후추, 소금을 입맛에 맞게 넣고, 마지막으로 역시 잘게 다진 파슬리를 한 수저 섞으면 강력한 감기예방제가 완성된답니다.

- 10~15인분 : 곱창 1킬로그램, 작은 양파 2개, 셀러리 줄기 한 대, 당근 1개, 요리용 레드 와인 식초 4수저, 올리브오일 1/2컵, 다진 파슬리 1수저, 마늘 네 톨, 소금, 후추, 페페론치노

마요네즈를 곁들인 차가운 폴페토네

요리사의 능력과 성실성은 이 폴페토네의 맛으로 알아볼 수 있어요. 이건 남성에게만 해당되는 것이고, 여성분들은 상관없어요. 여성분들은 언제나, 거의 실패 없이 아주 맛있게 잘 만드니까요. 재료를 준비해 볼까요? 빵의 딱딱한 부분을 잘라내고 부드러운 부분만 130그램 준비해서 우유(200밀리리터)에 담그세요. 달걀 6개와 파르미지아노 치즈 100그램, 피스타치오 40그램이 필요해요. 고기의 단맛과 모스타르다 디 프루타[67]가 어우러지게 해도 좋아요. 두 번 간 소고기 살코기 1/2킬로그램, 넛맥 1/5개 간 것, 후추, 소금 적당량을 준비하세요.

67 mostarda di frutta, 각종 과일과 겨자를 식초에 담가 절인 것.

준비한 재료를 아주 조심스럽게 살살 섞은 후 면보에 올려 돌돌 말아 지름 10센티미터 정도의 원통형으로 만드세요. 한쪽 끝을 요리용 실로 단단히 묶고 반대쪽으로 살살 누르면서 굴린 후 나머지 한쪽도 단단히 묶어 봉하세요. 끓는 물에서 45분 동안 익히세요. 다 익었으면 냄비에서 꺼내 충분히 식힌 후 6~8밀리미터 두께로 자르세요. 향이 강한 이탈리아산 올리브오일로 만든 수제 마요네즈를 곁들여 차갑게 먹고 싶지 않으면, 마늘과 토마토, 파슬리, 페페론치노로 만든 리보르네제 소스**salsa livornese**와 함께 드셔도 됩니다. 폴페토네에 곁들이는 소스는 감자튀김과 함께 먹어도 맛있어요.

피렌체에서 아티초크 타르트라고 부르는 오믈렛

이 책의 50쪽에 소개한 레시피처럼 아티초크를 끓는 물에서 7분 동안만 데쳐 덜 익힌 상태로 준비하세요. 완전히 익지 않아서 조금 단단한 상태일 때 뜨겁게 예열한 프라이팬으로 옮기세요. 그럼 겉면이 살짝 그을릴 수 있을 거예요. 여기에 곧바로 풀어 놓은 달걀을 조금만 부으세요. 아티초크 주위에서 프라이팬 바닥에 닿은 달걀물이 얇은 지단이 될 거예요. 이때, 지단을 뒤집고 그 위에 곧바로 나머지 달걀물을 부으세요. 그럼 아직 촉촉한 상태인 지단 위에서 새 달걀물이 또 한 번 얇은 층을 이루면서 붙을 거예요. 이렇게 하면 두껍게 쌓은 아티초크를 크레페 두 장이 위아래에서 덮고 있는 것처럼 보이죠. 한 가지 더, 달걀을 풀 때 파르미지아노 치즈 가루를 한 줌 넣으세요.

닭목을 채운 다양한 요리

양심적으로 닭을 키우는 양계장을 찾아가서 도끼로 잘라 낸 닭목을 팔라고 부탁하세요. 닭목을 도끼로 잘라 파는 일은 예전에 '퀸토 콰르토'[68] 라는 혁명적인 요리가 유행할 때는 흔한 일이었죠. 이것에 대해 독설을 퍼붓는 사람들도 있지만, 당시 가난한 서민들이 지혜를 모은 음식이었어요. 좋은 의미로 생각하면 어쨌든 배고픔은 면할 수 있었으니까요. 닭목만 구입하지 못할 경우, 정말 잘 기른 닭을 몇 마리 구하세요. 머리와 깃, 벼슬까지 다 달려 있어야 해요. 여러분이 뼈를 바르지 못하겠으면 단골 양계장에 가서 부탁하세요. 전문가들에게는 전혀 어려운 일이 아닐 거예요.

68 quinto quarto, '다섯 번째 부위'라는 뜻으로 옛 이탈리아 로마에서 4등분하여 고기를 유통한 데서 유래하여 내장 등 자투리 고기로 만든 요리를 일컫는 말이다.

1 이제 닭목을 채울 속을 준비해 봅시다. 닭목 하나에 필요한 재료는 최상급 소고기의 살코기 두 번 간 것 50그램, 파르미지아노 치즈 10그램, 딱딱한 부분을 제거하고 부드러운 부분만 우유에 담근 빵 20그램 이상이 필요해요. 여기에 재료들이 잘 뭉치도록 달걀도 하나 넣고 수저로 잘 섞으세요. 넛맥도 아주 조금 넣고 간 흑후추도 약간, 그리고 잘게 다진 셀러리 1작은술에 강판에 간 레몬 껍질도 약간 넣으세요. 제과용 짤주머니에 만들어 놓은 속을 담아 닭목에 짜 넣으세요. 옆에서 잡아 줄 사람이 없으면 목의 한쪽 끝을 끈으로 묶어 놓고 넣으세요. 단, 속을 너무 많이 채우지는 마세요. 닭목이 두 개 있으면 속도 두 배로 준비해서 한 번에 채우시고요.

2 이제 냄비에 소금으로 약하게 간을 하고 양파와 셀러리, 당근과 정향, 그리고 바질도 넣는데, 좋은 바질이 없으면 파슬리를 몇 줄기 넣어 풍미를 더한 육수에 속을 채운 닭목을 넣고 천천히 끓이세요. 30분 후 닭목을 꺼내 식힌 후 4밀리미터 두께로 썰어 엑스트라버진 올리브오일과 레몬을 넣어 만든 맛있는 마요네즈와 함께 드시면 됩니다(닭목을 삶은 육수는 미니 파스타를 넣은 수프나, 버터와 파르미지아노 치즈를 추가해 리소토를 만들어 드세요).

이 닭목의 또 다른 응용 레시피를 알려 드리죠. 고기 소스나 그냥 토마토만 넣은 소스에 넣고 천천히 끓이세요. 고기 소스와 토마토소스 모두 여러분이 좋아하는 파스타(마카로니가 적당할 것 같아요)에 버무리시면 돼요. 그리고 접시에 담을 때 편으로 자른 목을 파스타 주위에 둘러놓고 그 위에 고기 소스나 토마토소스를 한 번 더 뿌리면 세상에 둘도 없는 독특한 파스타 요리가 되죠. 이 파스타에 파르미지아노 치즈 가루는 의무적으로 뿌리셔야 하고요. 혹시 요리에 일가견이 있어서 감자로 뇨키[69]를 만들었다면 두 말 할 것도 없죠. 이 닭목 소스를 곁들이면 무조건 맛있을 거예요. 제가 장담하는데 고기 소스에 이 '닭목 순대'를 으깨 넣으면 포크를 대는 사람들마다 고개를 쳐들고 하느님께 감사할 겁니다.

69 gnocchi, 주로 감자나 밀가루 반죽을 빚어 만든 덤플링으로 우리나라 수제비와 유사하다.

앤초비 소스를 곁들인 우둔살 튀김 브라치올리네

1 강한 맛의 케이퍼와 앤초비, 식초를 곁들인 우둔살 튀김과 함께 내야 할 곁들임 채소로 무엇이 좋을지 생각해 봅시다. 여름이라면 토마토보다 좋은 것이 없죠. 아무 곁들이는 것 없이 아주 잘 익은 토마토를 반으로 쪼개 놓기만 해도 토마토 자체의 수분이 앤초비의 산도와 정말 잘 어우러져요. 바질이나 오레가노를 좋아하면 생잎을 추가해도 좋고요. 겨울에는 눈에는 눈, 이에는 이로 승부해 보세요. 첫서리가 내린 후에 수확한 흑양배추는 굉장히 부드럽거든요. 양배추 잎을 뜯어서 뜨거운 물에 데쳐 소금과 금방 간 흑후추, 그리고 어딘가에서 선물 받은 최고급 엑스트라버진 올리브오일도 조금 넣으세요. 브라치올리네 할 때 남은 달걀물에 빵 한 쪽을 담갔다가 프라이팬에 지지세요. 그 위에 흑양배추를 올리세요.

2 원래 이탈리아어에서 'ine'를 붙이면 작다는 의미인데 피렌체에서 브라치올리네**bracioline**의 ine는 축소형이 아니라 확대형이에요. 그러니까 여러분도 키아니나**Chianina**, 피에몬테제**Piemontese** 같은 최상급 우둔살을 구입해서 1/2센티미터 두께로 자르세요. 최상급은 구하기 힘들 경우, 최소한 괜찮은 수준의 암소 우둔살을 구하시고요. 암소의 구별은 고기 조각의 가운데 부분에 지방의 모양을 보면 되는데, Y자 형태면 암소예요(정육점 주인이 여러분과 친분이 있어야 믿고 보여줄 거예요). 이 경우 고기의 두께를 3~4밀리미터로 줄이세요. 어떤 고기든, 소금을 적당히 넣어 풀어 놓은 달걀에 최소 4시간 담가두었다가 신선한 빵가루를 입히세요. 이때 손으로 지그시 눌러 고기에 빵가루가 잘 달라붙게 하세요. 올리브오일을 넉넉히 두른 팬에서 금색에서 헤이즐넛 색 정도 나도록 튀기세요. 그 이상 색이 진해지지 않게 하세요. 고기를 꺼내 유산지나 키친타월에 올려놨다가 한 번 뒤집으세요.

3 이번엔 앤초비를 손질해 봅시다. 한 사람당 4장씩 4인분의 브라치올라를 준비할 경우, 소금 절임 앤초비가 최소 8마리 필요해요. 일단 뼈를 발라내고 마늘 최소 두 톨, 질 좋은 작은 케이퍼 한 컵과 함께 칼로 다지세요. 케이퍼도 소금에 절인 것이면 오래 물에 담가 소금기를 빼고, 이 경우에만 일단 식초 한 수저를 두르고 그다음에 여러분의 식품 창고에서 가장 좋은 올리브오일을 추가해 적당히 부드러운 농도를 만드세요. 후추와 페페론치노는 취향에 따라 넣으시고요. 이 앤초비 소스는 맛이 강해서 튀긴 브라치올라 하나 당 한 작은술 반이 먹기 적당해요. 한 입 먹을 때마다 균형 잡힌 맛을 보려면 반드시 빵이 있어야 할 거예요.

롤란도의 청어

살라케**salacche**(피렌체에서는 소금에 절인 생선을 이렇게 불러요) 3마리당 양파 6개, 당근 6개, 셀러리 속대 3개, 파슬리 넉넉하게 한 다발, 마늘 대가리와 줄기 하나, 식초 6큰술, 그리고 재료 전체를 코팅할 정도의 올리브오일이 필요하고요, 취향에 따라 후추와 페페론치노 간 것도 넣을 수 있어요.

저희 할아버지는 항상 청어 세 마리의 뼈를 발라서 넉넉한 양의 우유에 하루 동안 담가 소금기를 빼셨어요. 그리고 건조시켰다가 차가운 물에 한 번 더 헹구셨죠. 그런 다음 1/2센티미터 간격으로 길게 자르고 트로페아**Tropea** 종류의 붉은 양파와 당근, 셀러리, 마늘을 아주 잘게 다진 것으로 밑간을 하셨어요. 모든 재료를 유리 샐러드 볼에 담고 식초, 올리브오일과 섞어 냉장고에서 최소 48시간 동안 두셨어요. 밑간에 재운 후 48시간이 지나기 전에 먹어 본 적이 단 한 번도 없어요. 그리고 항상 빵 한 덩이를 함께 먹었답니다.

COMUNE DI
FIRENZE
COMMERCIANTE
AUTORIZZATO
AUTHORIZED
DEALER
N° 012
Allegri Lavinia
Stand N° 12
pra-vendita
ggetti usati
Tel casa 055 240030 cell. 3395449415
cell 3356368493
AREA
VIDEOSORVEGLIATA

여러분에게 대접할 것이
더 있어요

04

피오렌티노들의 추천 여행지

제가 지금 애정을 쏟아 쓰고 있는 피렌체 가이드북에 여러분의 도움이 필요해요. 혹시 제게 알려줄 만한 장소들을 알고 계신가요? 알려 주신다면 제 목록과 비교해 볼게요. 레스토랑뿐 아니라 시가지의 트라토리아, 식품점, 패스트리 카페, 로맨틱한 벤치, 정원, 교회도 좋고, 딱히 피렌체가 아니어도 좋아요. 혹은 여러분이 정말 좋아하는 그림을 소개해도 좋고요. 어떤 것이든 여러분이 중요하게 여기는 것들을 알려 주시면 정말 고맙겠습니다. 사랑합니다, 친구 여러분.

파비오

| 세르조 스타이노 Sergio Staino | 풍자만화가

- 포르타 산니콜로Porta San Niccolò의 성벽을 나와서 오른쪽으로 한 동안 성벽을 따라 돌면 한때 피렌체 전역을 둘러싸고 있던 광경을 볼 수 있죠. 요새까지 올라가서 오른쪽으로 돌아 포르타 산조르조Porta San Giorgio로 들어가면 오른쪽에 바르디니 박물관이 있어요. 박물관으로 들어가면 정원이 있는데, 이곳의 전망은 정말 피렌체에서 가장 아름다워요.
- 리카솔리 거리Via Ricasoli에 있는 카라베Carabe의 아몬드 그라니타[70]를 추천합니다. 피스타치오 젤라토나 방금 만든 카놀로Cannolo도 괜찮죠.
- 스티버트 박물관. 동인도 회사 상속자의 광기와 위대한 고물상, 피렌체 수공예 전통의 승리. 이집트 스타일 연못이 있는 정원도 볼만하죠.
- 보볼리 바키노Bacchino di Boboli. 왕의 정원Giardino del Re 입구에 기마상이나 승전 기념비도 아니고 성기를 드러낸 우스꽝스러운 바커스의 동상이 서 있어요. 그냥 토스카나식 풍자 기념물이라고 해두죠. 끝.

70 granita, 과일에 설탕과 와인 혹은 샴페인을 넣고 얼음과 갈아 만드는 이탈리아 음료.

| 피에트로 이오첼리 Pietro Iozzelli | 저널리스트

장소와 감정. 포르타 산니콜로에서 미켈란젤로 광장으로 연결되는 계단 – 관광객들의 왕래가 잦은 곳들이 대부분 그렇듯, 이곳도 고독을 허락하는 시간, 즉 커다란 감흥을 주는 시간이 있다. 새벽 아침, 광장에서 내려오면, 교차로의 역사 어디서든 다양한 색상으로 물들고 희미하던 여명이 아침 햇살이 되는 광경을 볼 수 있다. 마치 태양이 이 도시의 비밀을 벗기며 노닐기라도 하는 것 같다.

산타 펠리치타 교회Chiesa di Santa Felicita에 있는 폰토르모의 작품 〈그리스도의 십자가 강하〉 – 토스카나 매너리즘이 빚어낸 작품이지만, 이 벽화의 선한 아름다움은 여기에 있다. 십자가 강하 장면이지만 색상에 담긴 빛과 등장인물들의 은혜로운 표정이 마치 그리스도의 부활을 눈앞에서 보고 있는 착각을 불러일으키는 것이다.

루스티치 거리에서 파스타와 와인을 파는 상인 – 최고의 라비올리와 페투치네를 만들고 맛있는 유기농 와인을 비롯해 당일 새벽에 암탉들이 낳은 달걀, 산미켈레 토리San Michele a Torri에 위치한 농장에서 수확한 묘한 이름의 사과도 판매한다. 하지만 내가 이 상인을 좋아하는 이유는 따로 있다. 일주일에 세 번, 화요일과 목요일, 토요일 10시부터 비스코티 맛이 나는 맛있는 전통빵(약간의 통밀을 섞어 만든 빵)을 살 수 있기 때문이다.

지로네Girone의 아르노 강변 커브길 – 아르노 강의 오른쪽 길을 따라 달리기를 하다 보면 이곳에 도착한다. 이쪽은 피렌체 시의 제재로 돌과 시멘트로 만든 벤치들은 이미 사라진지 오래고, 지금은 나뭇잎과 청둥오리를 비롯한 희귀 조류 몇 종류들과의 접촉을 사랑하는 강으로 돌아가고 있다. 강

끝에는 작은 마을이 하나 있는데, 집도 몇 채 안 되고 차도 거의 다니지 않는 조그만 광장도 있어 영화감독 에르만노 올미가 좋아할만 하다. 내 경우, 태어난 동네를 그대로 옮겨다 놓은 것 같아서 정감이 간다.

솔레 거리Via del Sole에 있는 스파치오 우노 극장 – 이 극장은 상영관에 앉아 있으면 어느 아파트의 안방에 있는 느낌이라 둘러보면 어딘가에 창문과 가구도 있을 것 같다는 생각이 든다. 위층으로 올라가는 계단도 있는데, 매표원이 마치 기다렸다는 듯 "위층으로 올라가세요. 영화를 상영하고 있어요."라고 말한다.

피사Pisa로 가는 도로와 산마르티노 팔마San Martino alla Palma 경사지가 있는 그라나티에리Granatieri 마을을 연결하는 도로와 평원 – 오두막과 방치된 광장, 석회가루, 반쯤 부서진 집들, 짐을 싣고 내리는 트럭, 각자의 일터를 향해 오가는 노동자들이 북새통을 이루는 곳이다. 이곳을 보면 기적 경제와 산업 성장, 부의 발견과 같은 것들과의 충돌 때문에 우리의 환경이 변질됐다는 점을 상기하게 된다. 창문 너머로 정비 공장 작업실이 보이는 방에서 살았던 나는 철과 불이 우리가 사는 곳을 바꾸어 놓았다고 말해주는 이런 전형적인 외곽 지역의 풍경이 좋다.

노볼리Novoli 대학가의 정치과학 도서관 – 이 도서관은 원형에 출입구도, 벽도 없고 책장만 끝없이 둘러져 있어 누구나 공부를 하고 싶으면 이용 가능하다. 그 어떤 장벽 없이 무한한 사고의 세계에 빠지는 문화를 열어 보자는 아이디어로 설립된 도서관인데, 어떻게 보면 약간 인터넷 세상 같기도 하다(하지만 이 도서관에서는 종이로 된 책을 손에 들고 접착제 냄새도 맡을 수 있다).

산카시아노San Casciano에 있는 칸티네타 델 논노Cantinetta del Nonno – 예

전에 한번 와본 듯 친숙한 방에서 식사를 한다. 테이블도 몇 개 없고 벽에는 이상한 그림이 붙어 있고 커다란 서랍장 위에는 아마로[71]와 브랜디 병들이 진열돼 있다. 그리고 주방에서 음식을 내놓는 작은 창문이 있다. 저렴한 가격에 토스카나 지방 가정식으로 만든 맛있는 요리를 먹을 수 있다. 나는 간단하지만 맛깔스러운 이 집 음식을 산지오베제Sangiovese 와인과 함께 즐길 때가 많다.

71 amaro, 허브를 우린 술.

| 안젤라 파실리 Angela Passigli | 사업가

베이커리 – 피에솔레에 있는 돌치 에 돌체체Dolci e Dolcezze, 알체도Alcedo, 제가 좋아하는 아이리스 케이크를 파는 괄티에리Gualtieri 베이커리. 레스토랑 – 보르고 산야코포Borgo San Jacopo에 있는 카밀로Cammillo, 세네세 거리Via Senese의 루제로Ruggero, 카르미네 광장Piazza del Carmine 18r번지에 있는 카르미네Carmine. 알베르티Alberti 음반 가게, 살림베니Salimbeni 서점, 올드 잉글랜드Old England, 페냐Pegna 같은 식품점들, 살레타 교회Chiesa di Saletta, 저녁 시간 아르노 강 주변 산책, 석양 무렵의 산마르코San Marco 골목길, 오래된 영화관 오데온Odeon, 페르골라 극장이 추천할 만하고요. 제가 제일 좋아하는 커피숍은 당연히 파비오 씨네죠. 안녕히 계세요.

| 스테파니아 이폴리티 Stefania Ippoliti | 토스카나 메디아테카 실장
| 조르조 반 스트라텐 Giorgio Van Straten | 작가

두치오 다 보닌세냐 거리Via Duccio da Boninsegna의 조르조Giorgio 베이커리, 영국인 묘지Cimitero degli Inglesi, 산타 펠리치타 교회Chiesa di Santa Felicita에

폰토르모가 그린 〈그리스도의 십자가 강하〉, 룽가르노 토리지아니 공원 벤치들(루테라나 교회에 있는 공원), 바디아니의 부온탈렌티 젤라토, 레나이 카시네Cascine ai Renai의 자전거 도로, 오르산미켈레Orsanmichele의 꼭대기 층에서 내다보는 풍경, 몬투기 거리Via di Montughi에 있는 해리스 바Harry's Bar의 벨리니Bellini 칵테일, 치브레오 카페의 커팅 스테이크 '브라치올라'.

| 클라라 발레리니 Clara Ballerini | 피렌체 대학 연구원

내가 피렌체에서 정기적으로 할 정도로 좋아하는 것은? 식물원Orto Botanico을 산책하는 것도 좋고 뿌리가 밖으로 나와 있는 낙우송을 보러 가는 것도 좋아한다. 보통 카포니 거리Via Capponi로 많이 보러 가는데, 다들 이게 무슨 식물인지 궁금해 한다. 그 근처에 있는 자연사, 지질학, 고생물학 박물관Museo di Storia Naturale, Geologia e Paleontologia을 둘러보면 자연주의자로서의 내 영혼이 다시 기지개를 켠다.

그리고 가끔 집에서 나와 콜리 거리Viale dei Colli의 포르타 로마나를 거쳐 에르타 카니나Erta Canina까지 내려가서, 장미 정원Giardino delle Rose에 가거나 아르노 강을 건너 카시네 쪽으로 한참 걸어가다가 온니산티 광장Piazza Ognissanti에 잠시 머문다. 여기에 프랑스 서점도 있고 그 근처에 기를란다요[72]의 매혹적인 벽화 〈최후의 만찬〉이 있다.

72 Domenico Ghirlandajo, 1449~1494년, 장식적 구도에 뛰어났던 피렌체의 화가.

벽화 이야기가 나오니 생각나는데, 나는 산타 펠리치타 교회에 있는 폰토르모의 작품 〈그리스도의 십자가 강하〉를 무척 사랑한다. 그 옆에는 '레 볼피 에 루바Le Volpi e l'Uva'라는 술집이 있는데, 특히 겨울에 한쪽 구석에라도 자리가 나면 한잔 하기에 좋다. 여전히 '아르노 강 저편'에서 칼차 광장Piazza della Calza에 있는 아주 작은 카페에서 커피를 자주 마신다. 요즘은 밖에 테이블을 놔서 가끔 거기 앉아 신문을 읽는다. 그리고 거기서부터 페트라르카 거리 성벽을 따라 잠깐 산책을 하는데, 도시의 교통 소음을 배경 삼아 걷는 기분이 뭔가 색다르다. 몇 년 전에 세네세 거리에 살 때는 루제로(아직 영업을 하는지 모르겠다)라는 식당에서 저녁 무렵에 음식을 포장해 오는 것을 좋아했었다. 하지만 괄티에리의 파이는 피하고 싶다. 피렌체에서 가장 작은 크기인데 가격은 엄청나다!

내가 사는 키에사 거리Via della Chiesa 시내 쪽으로 돌아오면, 아메리칸 스타일 빵집인 '마마스 베이커리Mama's Bakery'가 있다. 뭐, 일 년에 한 번 정도는 이런 빵도 괜찮지 않을까? 제빵사가 친절하고 안주인도 마찬가지다. 간혹 오르토 거리Via dell'Orto의 구시오Guscio에서 저녁 식사를 한다. 하지만 저녁 식사 장소로 치브레오 카페나 테아트로 델 살레를 빼놓는다면 말이 안 된다! 이 부근에서 시장을 볼 때는 산토 스피리토 광장Piazza Santo Spirito에서 자기 밭에서 기른 것 같은 채소를 좌판을 벌여놓고 파는 월터에게서 산다. 빵은 루스티치 거리에 자기 집 아래에서 장사하는 피에트로에게 사는데, 세상에 이렇게 맛있는 빵은 또 없을 것 같다.

육류는 칼다이에 거리Via delle Caldaie에 있는 정육점에서 산다. 나와 몇몇 이웃들이 예전에는 발레리아Valeria 정육점이라고 불렀는데, 운영자가 둘이라는 것을 안 후로는 복수형으로 발레리Valeri 정육점이라고 부른다. 유기농 식품은 세랄리 거리Via dei Serragli의 슈가 블루스Sugar Blues에서 구입한다. 피렌체 외부에서는 어느 해 1월에 눈밭을 산책하다가 유일하게 문을 연 라몰레Lamole의 대피소(그레베 지역에 있다)에서 먹은 파니니를 아직도 잊을 수가 없다. 그리고 콘수마 고개Passo della Consuma의 오두막에서 먹은 포르치니 버섯을 넣은 스키아치아타와 메르카탈레 광장Piazza di Mercatale

의 파니니와 오븐에 구운 포카치아, 산폴로San Polo의 팔리에타Paglietta 식당에서 먹은 그릴 치킨도 기억에 남는다.

| 파올로 에르미니 Paolo Ermini | 코리에레 피오렌티노 신문 편집자

제가 추천하는 장소들

- 왕위 계승자가 죽었다는 소문이 돈 후 도살업자 잔니니가 빅토리오 에마누엘레 2세를 탄생시켰다는 포조 임페리알레 대학Colleggio del Poggio Imperiale에 위치한 집들(세네세 거리 16번지).
- 콜롬바이아Colombaia의 산틸라리오Piazzetta di Sant'Ilario와 인근 오르막길. 작가 페니모어 쿠퍼[73]와 그의 소설들을 기리는 기념물이 있다(무척 조용하고 구석진 장소이다).
- 마키아벨리 거리Viale Machiavelli에서 갈릴레오 광장Piazzale Galileo으로 올라가는 계단. 부끄럽게도 아무렇게나 방치되어 있는 장소.
- 이제는 역사적인 명소가 된 산타고스티노 거리Via Sant'Agostino의 콜리비키Colivicchi 청과물상. 세랄리 거리 거의 끝자락에 유서 깊은 중고 서적상 롤란도Rolando 옆에 있다.
- 산조르조 술라 코스타San Giorgio sulla Costa에 있는 밧줄도, 소리도, 끝도 없는 종들(교황청에서 루마니아 정교회에 양도함).
- 벨로스과르도Bellosguardo의 프라토 델로 스트로치노Prato dello Strozzino에 있는 한적한 벤치.
- 벨로스과르도에서 소피아노Soffiano로 이어지는 가파른 차로(소형 자동차만 지나다닐 수 있는...). 지금까지 내게 중요한 곳들은 이 정도다... 올트라르노Oltrarno에서, 파올로.

73 James Fenimore Cooper, 미국 소설가로서 변경을 배경으로 백인과 아메리카 원주민의 관계를 다채롭게 묘사한 《가죽 스타킹 이야기》가 대표작이다.

| 다비데 파올리니 Davide Paolini | 와인·음식 전문 저널리스트

세네세 거리의 괄티에리 베이커리, 카푸치노와 쌀푸딩이 아직도 기억에 남는다. 로시나 거리Via della Rosina의 다 마리오Da Mario 레스토랑, 내가 대학에 다닐 때 학생 식당으로 이용하던 곳인데 처음 식사할 때가 생각난다. 단돈 330리라에 리볼리타[74]와 달걀프라이 두 개, 브롤리오Brolio 와인 4분의 1잔을 마셨다. 지금은 전설적인 마리오 씨 대신 자제분들이 운영하고 있지만, 피렌체에 갈 때마다 이 식당에 들른다.

74 ribollita, 토스카나의 수프 요리로 빵과 야채 등으로 진하게 끓인다.

파니니 가게 '프라텔리니Fratellini'는 그 작은 계단에서 모르타델라 햄, 프로볼로네provolone 치즈, 혹은 참치와 그린 소스를 넣은 파니니를 당시 상당히 좋은 와인과 함께 탐닉하던 추억이 담긴 곳이다. 푸지Pugi 레스토랑의 스키아치아타. 중앙 시장의 네르보네Nerbone에서 판매하는 람프레도토 파니니(소 막창과 벌집위를 넣은 샌드위치). 네르보네 식당은 내가 항상 좋아하는 식당이라 자주 가고, 포르첼리노Porcellino의 노점상도 자주 들른다.

카라베의 그라니타, 바디아니의 부온탈렌티 젤라토, 비볼리의 크림(몇 시간 동안 원어로 영화를 상영하는 극장 앞에 앉아 먹는 맛이란…). 갈루초 광장Piazza del Galluzzo에 있는 모란디Morandi 베이커리에서 낮에 몇 시간 동안 따뜻한 상태로 먹을 수 있는 브리오슈. 캄포라 거리Via delle Campora와 베르나르디노 포체티 거리Via Bernardino Poccetti를 내 딸 발렌티나의 유모차를 끌고 한참을 산책한다. 이 길은 큰딸 발레리아를 마가치니 거리Via dei Magazzini에 있는 학교에 데려다 주거나 방과 후 데리러 갈 때 오가던 아름다운 추억이 담긴 곳이다. 우리는 당연한 것처럼 코르소 거리Via del Corso로 쿠치올로Cucciolo의 따뜻하고 환상적인 맛의 도너츠나 포르노 사르토리Forno Sartori의 크루아상을 먹으러 갔었는데… 이제 두 가게 모두 없다!

75 crostini, 작은 빵조각에 치즈, 새우 등을 올린 음식.

76 pappa al pomodoro, 빵가루와 토마토를 끓여 만든 음식.

조르조 핀키오리 씨가 기벨리나 거리에서 에노테카를 막 운영하기 시작할 무렵 오믈렛을 안주 삼아 와인을 몇 잔씩 마셨고, 세월이 흐른 후에는 그가 발견한 환상적인 와인들, 예를 들면 몬테베르티네Montevertine부터 시작해 저녁 식사를 즐겼다(지금은 이 세상에 없는 나의 친구 잔니 무치니도 함께 했었다). 세르조 마네티(몬테베르티네의 맛을 발견한 흔치 않은 공산주의 실업가)가 피렌체에 살던 시절, 특별한 서재를 갖춘 방에서 와인과 음식에 관한 열띤 대화를 나누곤 했다. 일요일에는 레 카베 디 마이아노Le Cave di Maiano 트라토리아의 나무 그늘 아래에서 전채로는 크로스티니,[75] 토마토 파파[76] 그리고 피렌체식 스테이크로 점심 식사를 즐겼다.

내가 학업과 친목을 위해 수많은 날을 보낸 잊지 못할 추억의 장소들은 국립중앙도서관Biblioteca Nazionale, 빌라 이 타티Villa I Tatti(이탈리아 하버드 대학 센터), 마루첼리아나 도서관Biblioteca Marucelliana이다. 산티시마 안눈치아타 광장Piazza Santissima Annunziata 계단은 만남과 수다, 토론의 장이었고, 수업 전후에는 라우라 거리Via Laura로 향하곤 했다.

칸티네타 안티노리는 훌륭한 홈메이드 와인을 잔으로 마실 수 있는 곳이었다. 기억하기로는 페코리노 치즈를 안주로 먹다가 멜바Melba 복숭아와 디저트용 레드 와인으로 마무리했다. 기억하기로는 포르토Porto라는 와인인 것 같은데 안티노리에서 이제 생산을 하지 않아서... 안타깝게도 정확한 이름은 모르겠다.

| 라우라 몬타나리 Laura Montanari | 일간지 라 레푸블리카 기자

마지오 거리Via Maggio의 베이커리, 1930년대 음악과 함께 겨울 아침에 찾기 좋은 곳. 비가 오는 날이면 더 좋다. 장미 정원에 있는 폴론Folon의 '여행 가방' 조형물은 사계절 내내 보기 좋다. 여행과 출발, 도착에 관한 수많은 생각을 하게 만드는 곳. 피안 데이 줄라리의 벨베데레Belvedere, 이 곳은 비알리Viali나 포르타 로마나에서 걸어가야 한다. 라리Rari 카페, 아르노강의 보트, 배, 신문 등 강물이 이끄는 대로 움직이는 동안 이런저런 생각을 하기 좋다. 몬테리팔디Monteripaldi의 산미켈레 교회Chiesa di San Michele 앞 광장 – 물이나 음료수, 혹은 와인과 책 한 권을 들고 가면 참 좋다. 몸을 기댈 벽도 있다. 주위를 둘러보며 여유를 즐길 수 있는 곳.

| 주세페 칼라브레세 Giuseppe Calabrese | 일간지 라 레푸블리카 기자

일단 나는 아무 목적 없이 밤늦은 시간에 시내를 걷는 것이 좋다(텅 빈 도시, 그게 내게는 정말 좋은 느낌이다). 내가 이 책의 의도를 제대로 이해한 건지 모르지만, 어쨌든 내 머릿속에는 이런 것들이 가장 먼저 떠올랐다.

- 피렌체 : 저녁 시간의 강둑. 퀘르치오네 알레 카시네Quercione alle Cascine의 풀밭. 카르미네 교회의 브란카치 예배당. 폐관 직전의 우피치 미술관. 레스토랑 – 조르지니 광장Piazza Giorgini의 브리간티. 마치 거리의 곱창 샌드위치. 오라 다리아Ora d'aria, 치브레오 트라토리아. 로무알도Romualdo의 피자(중앙 시장).
- 피렌체 외 : 피에솔레의 산프란체스코 계단. 발롬브로사Vallombrosa, 레스토랑 – 라 보테기나 디 두다La botteghina di dudda.

| 조반니 보가니 Giovanni Bogani | 일간지 쿼티디아노 기자

생각나는 곳이 조금 있군요. 조르지니 광장에서 리도와 리오넬로가 운영하는 프라텔리 브리간티 식당Trattoria Fratelli Briganti, 스티버트 거리Via Stibbert의 정원과 스티버트 박물관, 마사이아 거리Via Massaia 중간에 마돈나의 성상 안치소와 함께 있는 벤치. 오르티콜투라 정원Giardino dell'Orticoltura에 있는 로스터Roster의 온실. 피에솔레의 산 프란체스코 오르막길에서 바라보는 풍경, 카푸치니 거리Via dei Cappuccini의 카푸치니 알 포제토Cappuccini al Poggetto 교회.

| 라우라 롬바르디 Laura Lombardi | 미술 사학자

예술 분야에서는 산타 펠리치타 교회에 있는 폰토르모의 작품 〈그리스도의 십자가 강하〉, 카르미냐노 교구교회Pieve di Carmignano의 〈방문〉, 카이아노Caiano(정물 박물관도 있다)에 있는 포조 저택Villa di Poggio의 벽화들. 스타자 교구교회Pieve a Staggia 옆에 아주 작은 박물관에 소장된 폴라이올로Pollaiolo 성화. 카부르 거리에 있는 안드레아 델 사르토[77]의 스칼초Scalzo 회랑과 레온 바티스타 알베르티[78]의 소예배당과 대예배당. 전에는 아는 사람이 거의 없던 곳인데, 지금은 마리니 박물관Museo Marini에서 인수했다. 내게는 베아토 안젤리코가 산마르코 수도원Convento di San Marco 수도사들의 방에 그린 작품들이 언제 봐도 매력적이다(이제는 유명해졌다).

내가 조깅을 하러 다니는 포르타 로마나의 경마 사육장과 내가 공부를 하러 가는 주스티 거리의 독일 예술사 연구소Istituto Germanico di Storia dell'Arte. 배우기는 산탐브로조 시장에서도 많이 배운다. 그리고 토리지아

77 Andrea del Sarto, 이탈리아 르네상스 전성기의 화가로, 주로 피렌체에서 성당이나 수도원 벽화에 걸작을 남겼다.

78 Leon Battista Alberti, 이탈리아의 건축가이다. 예술 이론가이자 인문주의자이기도 하며, 수학, 법학, 신학에 관한 저작도 많다.

니 공원과 포르타 산니콜로 밖의 장미 정원, 긴 아르노 강물의 수면을 따라 베라차노Verrazzano 다리 밑부터 지로네까지 걷기와 산조르조San Giorgio 해변, 산레오나르도 거리 등을 산책하는 것도 좋다.

음식점은 잘 모르겠다. 에노테카는 산타 펠리치타 광장의 레 볼피 에 루바, 개인적으로 좋아하는 과일장수는 마지오보르고 산야코포 거리Via Maggio-borgo San Jacopo 모퉁이에 있는 알렉산드로 베토리Alessandro Vettori이고, 좋아하는 장소는 라리 난테스Rari Nantes의 테라스다. 나는 아침에 산토 스피리토 광장에 있는 팝카페Popcafé에 앉아 컴퓨터로 일하는 것을 좋아하는데, 이른 아침 몇 시간 동안이 상당히 매력적이고 광장도 무척 아름답기 때문이다. 지금 생각나는 것은 이 정도인데, 아마 나중에 더 떠오를 것 같다. 바르디니 정원Giardino Bardini을 깜빡했다. 현대 예술로는 첼레Celle의 빌라 고리Villa Gori를 추천한다(피스토이아 지역에 위치).

사랑하는 피렌체에서 생각나는 상점은 세 군데다. 옷가게는 마토나이아 거리Via della Mattonaia와 니콜리니 거리Via Niccolini가 만나는 골목에 있는 소치에테 아노님Societe Anonyme인데, 내가 입는 옷의 79퍼센트를 이곳에서 구입한다. 보르고 핀티에서 내 친구인 카를라 메이시스가 운영하는 미시즈 메이시스Mrs Macis, 그리고 세르비 거리Via dei Servi에 있는 다니엘라 메차Daniela Meza와 마우리치오 봄베리니Maurizio Bomberini의 아틀리에다. 이곳에서 두 사람 모두 전시회도 연다.

사실 나는 모든 이웃 상인들을 다 꼽고 싶다. 하지만 마지막으로 보르고 온니산티Borgo Ognissanti에서 라파엘라 판파니가 운영하는 '텔라 린테아 Tela Lintea'를 추천하고 싶다. 쿠션과 매우 세련된 인테리어 용품을 비롯해 프랑스 수입품도 판매하는 곳이다. 정말 마지막으로 아직 아는 사람이 별로 없는 마르첼라 칸지올리Marcella Cangioli의 도시 연합 같은 것도 있다는 점을 언급하고 싶다. 그럼 이만.

| 로베르토 니스트리 Roberto Nistri | 사업가, 몽상가
| 로지 니스트리 Rosy Nistri | 화가

먼저 장인 공방 몇 곳을 소개하죠. 첫 번째는 토스카넬라 거리Via Toscanella에 있는 대장장이, 조각가, 스킨스쿠버 애호가인 잔카를로 자케티Giancarlo Giachetti의 공방. 산니콜로 거리에 있는 알렉산드로 다리Alessandro Dari의 공방 겸 박물관에서는 보석과 조각, 연금술을 비롯해 다양한 수공업을 선보이고 있어요. 프로콘솔로 거리의 발현악기 공방은 정말 환상적이죠! 네리 거리 거의 모퉁이에 있는 분재 공방은 놀랄만한 역사를 갖고 있는 곳이고요. 피티 광장Piazza Pitti의 안토니오 가토Antonio Gatto 장인의 모자 공방이 있죠. 천재적인 분이에요! 피티 광장 18번지에는 도스토옙스키가 《백치》의 원고를 마무리한 곳이라는 표시판이 붙어 있어요! 고개를 치켜들고 피렌체에서 잠깐이라도 살았던 위인들을 추억하는 흔적들을 보는 것도 참 행복하죠! 조만간 뵙겠습니다!

안녕하세요? 저는 로지 니스트리예요. 제가 너무 늦게 쓰는 건 아닌가요? 어쨌든 늦는 게 안 하는 것보단 낫죠! 피에솔레의 폰테루첸테 교회Chiesa di Fontelucente에는 아직도 물이 솟는 샘과 피렌체 출신의 뛰어난 현대 미술가인 로돌포 멜리Rodolfo Meli가 그린 〈피에타〉가 있어요. 정말 매력적인 곳이죠! 그리고 포르타 로마나에 있는 괄티에리 베이커리의 아이리스 케이크 정말 맛있고요! 보르고 산타 크로체Borgo Santa Croce 6번지에 있는 '아쿠아플로르Aquaflor'는 완전 수공예 비누로 유명하고요. 일요일에만 여는 베니 시립 공원Giardino Comunale Vegni도 가볼 만해요. 그리고 산살비 거리Via di San Salvi에 안드레아 델 사르토의 〈최후의 만찬〉은 수많은 인파와 긴 대기 행렬을 감수해서라도 꼭 감상해야 할 르네상스 시대의 걸작입니다. 그럼 또 뵙죠!

| 리카르도 주코니 Riccardo Zucconi |

프랑스 오데온 영화 축제 회장, 프랑스 문화예술 공로훈장 기사장

스티버트 박물관 정원에는 1800년대의 로맨틱한 호수가 있고 아름다운 수련들 속에 석재 이집트 스핑크스들이 있다. 성녀 테레사Santa Teresa(속세에서의 이름은 안나 마리아 레디)는 피렌체 출신의 카르멜회 수녀였고, 처녀의 몸으로 23세에 사망했다. 성녀의 부패하지 않은 시신은 브루니 거리Via dei Bruni에 있는 카르멜회 수도원 일요일 오전 8시 미사에서 볼 수 있다. 로사노Rosano 지역에서는 7시에 격리 수녀들의 미사가 있는데, 베네딕트 16세도 자주 초빙됐다. 이 격리 수녀들은 아주 정교한 자수 제품 덕분에 유명해졌다.

그 밖에 다른 것들은… 베키오 궁의 맨 위층에 아라스 천을 복원하는 거대한 공방과 얕은 부조 방식으로 장식된 림보 광장Piazzetta del Limbo도 있다. 이 조각 아래에서 기도를 하고 두오모 성당에서 다시 한 번 기도하면 5천년의 죄를 사할 수 있다고 한다. 산토 스피리토 광장도 꽤 규모가 크다.

구엘파 탑Torre Guelfa 위의 카페는 당연히 석양 무렵에 가기 좋다. 의류점 '퀠레 트레Quelle Tre'는 피렌체 출신의 아름다운 세 자매가 시대를 초월한 패션을 선보이는 작지만 세련된 의상실이다. 바르디니 정원의 등나무 길

79 loggia, 한쪽 면이 트여 있는 방이나 복도. 특히 주택에서 거실 등의 한쪽 면이 정원으로 연결되도록 트여 있는 공간.

과 로지아[79]에서 즐기는 차도 추천할 만하다. 오르삼미켈레Orsammichele 교회의 다락방과 페르세우스의 머리카락 사이로 보이는 첼리니의 얼굴, 자신의 모델을 사랑해 그녀를 자신의 머릿속에 영원히 간직하려 했던 늙은 예술가도 내가 손꼽는 피렌체의 볼거리다.

| 일라리아 델라 모니카 Ilaria Della Monica | 미술 사학자

친애하는 파비오 씨,

먼저 베이커리는 저희 어머니가 무척 좋아하시는 바바baba 때문에 카포네리Caponeri, 예전에는 이곳 세티냐노에 체사레Cesare라는 베이커리에서 블랙베리 잼을 넣은 빵도 맛있었어요. 요즘 저는 크림도 웨이퍼도 없는 파비오 씨의 다이아몬드 모양 초콜릿을 즐겨 먹어요. 견과류와 올리브를 넣은 빵(산탐브로조 시장 안의 베이커리)은 아주 얇게 썰어 먹으면 맛있고요.

레스토랑은 맛만 좋은 것이 아니라 지역의 감성까지 담고 있는 곳을 꼽아 봤어요. 빌라마냐Villamagna 방면에 있는 가르고타Gargotta는 시내를 위에서 내려다보는 위치라서 평원의 교회 종탑이 독특하게 축소돼 보이죠. 특히 8월 저녁 무렵에는 반딧불이까지 날아 다녀요. 파시냐노Passignano에 있는 바디아Badia 레스토랑도 마찬가지 이유로 여름에 찾기 좋아요. 그 밖에 상점들은... 산타 마리아 노벨라 약국Farmacia di Santa Maria Novella, 여기는 특히 포푸리 제품이 항상 가지고 다니고 싶은 향기예요.

예술 작품은, 이건 좀 다른 이야기지만 이쪽에서도 축소와 미니멀리즘의 유행이 돌아오고 있어요. '최후의 만찬'을 주제로 한 작품들은 사람들의 발길이 뜸하죠. 특히 산살비에 있는 안드레아 델 사르토의 작품과 산타폴로니아Sant'Apollonia에 있는 안드레아 델 카스타뇨Andrea di Castagno의 작품이 그래요. 메초몬테 코르시니Corsini a Mezzomonte에 있는 체코 브라보Cecco Bravo의 작품 속에 기이한 아기들과 소년들이 둥글게 원을 그리고 있는 모습이나, 그 근처 포촐라티코Pozzolatico에 있는 조반니 마르티넬리Giovanni Martinelli의 그림 속 원예 장미를 꽂은 화병은 잊기 힘들죠. 그리고 포조 아 카이아노Poggio a Caiano의 정물 박물관Museo della Natura Morta도 떠오르는군요. 제가 쓴 내용은 왠지 고백 같지만, 파비오 씨는 절 아시잖아요... 그럼 이만.

| 람베르토 프레스코발디 Lamberto Frescobaldi | 사업가, 와인 양조업자

존경하는 파비오 씨,

아시다시피 저는 산토 스피리토에, 그러니까 아르노 강 저편에 살아요. 저는 주로 걸어 다니기 때문에 이 주변을 돌아다닐 때가 많죠. 제가 꼽는 트라토리아들은 한때 숙박업을 겸하던 친근한 곳으로, 정확히 따지면 진정한 트라토리아는 없는 거죠. 하지만 세랄리 거리에 있는 지지오네Gigione는 보르고 산야코포의 상록수 같은 카밀로 식당 외에 오랜 역사를 자랑하는 곳이에요. 이밖에도 이쪽에는 파세라 광장Piazza della Passera에 마가치노Magazzino라는 '자투리 고기' 요리를 주메뉴로 하는 재미있는 레스토랑도 있어요.

- 식품점 – 오래된 식품점은 별로 없지만 포르타 로마나 광장에 한 곳 있어요. 피치케리아Pizzicheria라는 곳인데 계산대가 높은 것이 살짝 당황스럽기는 하지만, 제품의 질이 매우 좋아 믿고 구입할 수 있죠.

- 카페와 베이커리 – 에우로파 거리Viale Europa에 마르첼로 카페Bar Marcello라는 곳이 있는데 여기서 차를 타고 가야 해요. 신선한 음식들이 정말 최고죠. 안타깝게도 달콤한 디저트만 맛봤는데, 속을 채워 넣은 스키아치아티나schiacciatina가 특히 맛있어요.
- 또 한 군데 아주 맛있는 곳이 있는데, 조베르티 거리의 돌치 디 마르코Dolci di Marco예요. 이곳의 디저트는 정말 거부하기 힘들죠.
- 로맨틱한 벤치 – 피에솔레에 있는데, 힘들어도 꼭대기까지 계속 오르막길을 오르면(걸어서만 갈 수 있어요) 산프란체스코 수도원이 나와요. 맞은편은 보볼리Boboli 정상이고, 바르디니 정원도 있죠.

안녕히 계세요.

| 루이지 란티에리 Luigi Lantieri | 기업가
| 귀도 치옴피 Guido Ciompi | 건축가

- 안티코 세티피치오 피오렌티노. 레오나르도 다빈치가 설계한 방적기로 아직도 작동된다. 신비로운 분위기.
- 베키오 다리의 황금성Palazzo dell'Oro, 여러 층의 복도와 수백 명의 귀금속 세공사(피렌체 보석 가공 학교)들이 쉬지 않고 일하는 작은 방들로 가득 찬 거대한 미궁.
- 베키오 궁 한켠에 있는 조각상(청년의 두상 부조), 미켈란젤로 부오나로티가 어느 저녁 누군가(조각 속 인물)를 기다리다가 그 사람이 나타나지 않아 주머니에 있던 도구들을 가지고 조각한 것 같다.
- 산로렌초 성당 내부, 도나텔로가 제작한 현란한 설교대 두 개와 아름다운 색상의 기둥들이 멋있다.

- 산판크라치오San Pancrazio 내부, 레온 바티스타 알베르티의 소예배당은 필적할 대상이 없는 1400년대의 매우 고급스런 흑백 예술품이다.
- 산로렌초 성당, 미켈란젤로가 3개월 동안 지하방에서 숨어 지내면서 설계한 벽. 제작 방법은 미켈란젤로 본인만 안다.
- 일 피오레 재단Fondazione il Fiore(마리놀레)의 정원에 건축가 로렌초 파피가 변호사 알베르토 카라멜라를 위해 삼나무들 사이로 달린 유리 극장을 설계했다. 20세기 후반 피렌체 건축의 보석 같은, 유일한 건축물이다.
- 로제토Roseto, 피에트로 포르치나이Pietro Porcinai가 1960년에 설계한 개인 소유의 정원이다. 사유지이지만 방문해 볼 가치가 있다(방문 요청).
- 줄리아노 고리의 첼레 저택(프라토와 피스토이아 사이에 위치, 사유지). 예약 방문해야 함. 이 하나의 공원에 현대 예술계에서 가장 거대하고 아름다운 박물관이 들어 있다. 방문 시간은 5시간.

| 마르코 포지올레시 Marco Poggiolesi | 뮤지션

파세라 광장에 있는 카페 데이 아르티지아니Caffè degli Artigiani 위층, 이제까지 내가 한 공연 중 몇 손가락 안에 꼽는 멋진 공연을 한 곳이 바로 여기예요. 우연히 자연스럽게 하게 된 공연이었어요. 친구들과 와인이나 한 잔 하러 갔던 날이었고, 어떤 감정이 사람들을 그토록 끌리게 만들었는지 도무지 알 수 없었죠.

첸토스텔레 거리Via Centostelle에 있는 악기상 G&E 뮤직랩G&E Music Lab, 제가 열일곱 살일 때, 전설적인 이곳 주인 잔프라와 엔리에게 기타 코드와 드럼 채 잡는 법을 배우고 조언도 들으러 가곤 했어요.

알디니 거리Via Aldini의 일 벤탈리오 저택 공원Parco di Villa Il Ventaglio, 근처에 작은 연못이 있는 이 공원의 모양새를 떠올리면 항상 바다가 생각나요. 길을 따라 올라가다 보면 그 주변 '풍경'이 바뀌어 언덕이 되고, 숲이 된답니다. 주택가 한복판에 숨은 작은 자연의 세계, 캄포 디 마르테. 가끔, 봄이나 여름 평일 아침에 사람이 거의 없을 때 악기를 연습하기 정말 좋아요. 공항에서 나오면 맨 처음 나오는 주유소 페레톨라Peretola, 여기서 차에 기름을 채우고 고속도로로 들어가 어디론가 가고, 연주를 하고, 꿈을 꾸고, 기다리고, 돌아오고, 무언가를 찾고, 발견하고, 상심하고 사랑하기 시작하니까...

마치 거리에 있는 테아트로 델 살레의 무대 앞 기둥, 피렌체에서 그 누구보다 내 연주를 가장 많이 들었고, 발전하는 모습을(그랬기를 바란다) 본 것이 바로 이 기둥이에요. 말이 많지는 않지만 참을성 있게 들을 줄 알아서 우리는 좋은 친구가 됐죠. 피에솔레의 비난드로 오스테리아Osteria Vinandro, 정확히 피렌체에 속한 곳이 아니라면 죄송해요. 알레Ale 식당에 저녁을 먹으러 가는 일은 순회공연에서 돌아올 때마다 치르는 신성한 의식 같은 거랍니다!

세티냐노 시민 회관 운동장, 이곳에 대해서는 제가 가장 친한 친구들을 만나 다 같이 '성장' 했다는 것을 확인 할 수 있는 흔치 않는 장소라는 말밖에 할 수 없을 것 같군요. 카르미네 광장, 콘서트 때문에 광장에 주차됐던 차량들을 모두 내보낸 적이 있었어요. 마지막 차가 빠져나가자 절제된 화려함과 당당한 우아함을 갖춘 모습이 드러나더군요. 그렇게 수없이 지나다녔으면서 난생 처음 보는 공간에서 연주를 했답니다.

| 줄리아 누티 Giulia Nuti | 뮤지션

파비오 씨께,

제 생각을 몇 가지 적어 볼게요... 레스토랑에 대해서는 파비오 씨가 저보다 훨씬 더 잘 아실 테니, 저는 다른 부분들, 특히 제가 태어났고 계속 살았던 지역에 대해 이야기 할게요(쿠레, 리프레디, 볼로네제 거리). 몇 군데는 지극히 개인적인 입장에서 선택된 곳이에요... 순서에 특별한 의미는 없어요.

- 살비아티노Salviatino에서 마이아노Maiano로 올라가는 길, 특히 햇살 좋은 날 정말 아름다워요.
- 피에솔레에 산프란체스코 수도원의 오르막길과 여기서 보는 피렌체 전경. 미켈란젤로 광장에서 보는 전경이 가장 유명하지만(그래서 많이들 추천하죠), 이에 뒤지지 않아요.
- 일 벤탈리오 저택 공원(알디니 거리 12번지). 처음 볼 때는 상상할 수 없는 놀랍도록 아름다운 녹색 지대.
- 오르티콜투라 정원과 이 정원의 너무 아름다운 온실(제가 이 온실에 가산점을 주고 싶은 이유가 하나 있어요. 이 앞에서 핑크 플로이드를 흉내 내는 포즈를 취할 수도 있답니다!).
- 스타투토 거리Via dello Statuto에 있는 메디치Medici 젤라토 가게.
- 쿠레 광장Piazza delle Cure의 카비니Cavini 젤라토 가게. 이 가게를 제 목록에 넣은 이유는 저희 할머니가 정말 하루도 빼놓지 않고 매일 젤라토를 먹이러 데려가셨기 때문이에요. 한 살에서 네 살까지 제 생계의 원천이 바로 이 가게의 젤라토였던 거죠!
- 돈 민초니 거리Viale Don Minzoni의 주로비치 카페Bar Giurovich. 파비오 씨도 알겠지만 에르네스토에게는 이곳이 거의 사무실이었죠...

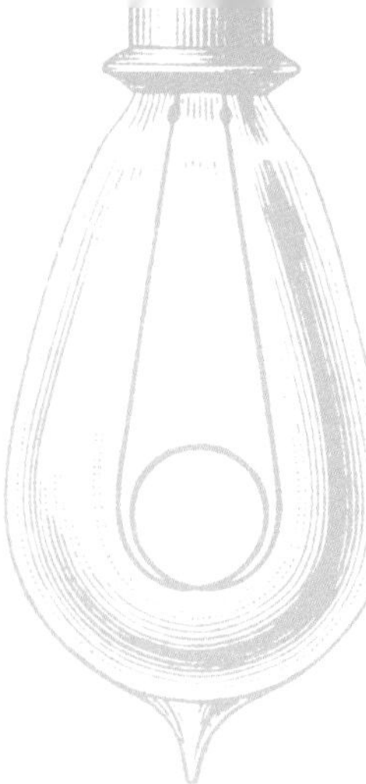

- 프라텔리 브리간티 피자 가게, 로큰롤을 즐길 수 있는 곳!
- 조르지니 광장에 있는 야간 베이커리, 레 델라 포레스타Re della Foresta. 제 기억으로는 이 부근에서 가장 먼저 심야 영업을 시작한 곳인 것 같아요. 제가 이곳을 꼽은 이유는 콘서트나 시험을 보고 돌아오는 길에 몇 번이나 허기를 면하게 해준 구세주 같은 곳이기 때문이에요. 주인 잔나 아주머니가 대단한 분이에요.
- 마돈나 델라 토세 거리Via Madonna della Tosse 12번지에 있는 브라우마이스터Braumeister 맥주집. 쿠레에서 맛있는 맥주를 마실 수 있는 최고의 장소예요.
- 마지막으로... 비에소 광장Piazza Viesseux의 퀘르치Querci 베이커리요. 바닥 보일러 시공 때문에 지금은 비에소 광장 7번지에 있는데... 퀘르치에서 먹는 간식은 이제까지 맛보지 못한 마약 같은 중독성이 있어요!

한 군데 더 추가하자면, 산니콜로 거리 23번지에 있는 스픽이지 23Speakeasy 23이에요. 2014년 7월 말에 문을 연 작은 가게죠. 제 또래 젊은이들 세 명이 운영하는데... 가게를 멋있게 꾸며 놓았는데, 무엇보다 어쿠스틱 그룹들이 연주를 할 수 있도록 최선의 노력을 다했더군요(매장 규모가 작아서 공간 확보가 쉽지 않았겠죠). 그리고 공연을 하는 동안은 평상시처럼 소란스럽지 않게 하려고 손님들을 '교육'시키기까지 한답니다.

이외에 추천할 만한 명소는... 시뇨리아 광장 근처 프라텔리니 파니니 가게와 산탐브로조 시장 안에, 파비오 씨 가게 앞에 있는 로코 트라토리아Trattoria Rocco인데... 뭐 이런 곳은 파비오 씨도 이미 잘 알겠죠. 시내에 살았던 사람이 저보다 좀 더 유용한 조언을 할 수 있을 것 같네요. 그러니 저는 이 정도만 할게요.

제가 쓴 목록 중에 파비오 씨께 쓸모 있는 것이 있으면 좋겠군요. 언제라도 제가 필요하시면 말씀하세요. 그리고 확실한 건… 제 가이드 목록의 넘버 원은 파비오 씨 가게예요. 안녕히 계세요.

| 주디타 피키 Giuditta Picchi | 저자의 딸, 자영업

'사랑의 도피' 목록

- 산타 펠리치타 교회(산타 펠리치타 광장 3번지). 〈그리스도의 십자가 강하〉, 1492년, 폰토르모. 색감에 빠지고 싶을 때. 산토르솔라 단지 Complesso di Sant'Orsola와 파니칼레 거리Via Panicale. 이 두 곳을 꼽은 이유는 나의 도시 피렌체의 미래가 이곳을 거쳐 가기 때문이다.
- 북카페 라 치테La Cite(보르고 산프레디아노 20r번지). 휴식을 취하고 독서를 하고 대화를 하거나 그냥 공상하기 좋다.
- 흘러가는 대로 내버려두고 싶을 때. 오데온 극장(스트로치 광장 2번지).
- 산타 트리니타 교회Chiesa di Santa Trinita(파리오네 거리 3번지), 〈목자들의 경배〉, 1485년, 기를란다요.
- 조금 더 피렌체 사람처럼 느끼고 싶을 때. 오르티콜투라 정원(비토리오 에마누엘레 II 거리 17번지).
- 어린 시절로 돌아가고 싶을 때. 산토 스피리토 광장. 언제든 한두 마디 나눌 수 있는 누군가를 만나고 싶을 때.
- 스트로치 궁. 환영을 받고 소속감을 느끼고 싶을 때.
- 여름철에 이지 리빙–라 스피아지아 델아르노Easy Living-La Spiaggia dell'Arno(포지 광장). 휴가 기분을 느끼고 싶을 때.
- 토도 모도Todo Modo 서점(포시 거리 15r번지). 아직 모든 사람의 뇌가 빠져

도망친 것은 아니므로.

- 장미 정원(주세페 포지 거리 2번지), 취하고 싶을 때.
- 강 위에 있는 라리 카페(룽가르노 페루치 24번지). 편해지고 싶을 때.
- 다미아노 키에사 거리Via Damiano Chiesa(경기장 지역), 이곳을 선택한 이유는 단 한 사람만 안다(내 남편).

| 콘수엘로 데 가라 Consuelo De Gara | 문화 행사 기획자, 타르제티 재단 이사장

여기저기에 보이는 경관에 대한 고뇌와 전망 – 치브레오 카페의 거울에 담긴 유태교 예배당의 돔과 바디아 피에솔라나에서 문을 열어 놓은 채 기도를 드리는 동안 침묵의 시간들, 가을날 해질 무렵 낙엽 양탄자에 덮여 두 번 다시 빛을 낼 수 없을 것처럼 반짝이는 다젤리오 광장, 햇볕이 가득한 거대한 정원을 향해 단 몇 초 동안만 활짝 열리는 보르고 핀티의 어둠의 문, 그리고(보르고 핀티에서 이어진 거리로 몇 걸음 떨어지지 않은 곳에) 공식적으로는 버려졌지만 이제 씨앗을 심어 열매를 수확해 한동안 완전한 농장이었던 옛 육상경기 트랙의 매력. 이만 줄입니다.

| 토마소 몬타나리 Tomaso Montanari | 미술 사학자

파비오 씨, 전에 말씀드린 것처럼 저는 예전부터 이 도시의 거대한 박물관들 중 우리 피오렌티노들의 출입이 가장 적은 곳이 피티 궁의 팔라티나 미술관Galleria Palatina이라는 느낌을 갖고 있었어요. 우리는 적어도 이 도시의 시민이니 한때는 메디치 왕조의 궁이었지만 지금은 우리 모두의 집이 된 이 멋진 전시관들과 특별한 관계에 놓여 있어야죠. 우피치 미술관은 미술사 교본을 바탕으로 조금씩 원형을 되찾아 왔고, 그 덕분에 최소한 부분적으로라도 연대순으로 정리돼 있어요. 한편 팔라티나 미술관은 미술 작품들이 쇼케이스에 들어 있는 곤충들처럼 진열돼 있는 것이 아니라 일상생활(물론 공주의 일상생활이지만)을 위한 공간들을 고풍스럽고 고귀하게 '장식'하는 기능을 한다는 인상을 줘요.

팔라티나 미술관은 하나의 작은 도시, 17세기에 '외국 왕자들의 주택'이라 부르던 공간처럼 어느 순간 사라질 수 있는 작은 도시예요. 여러분은 메디치 가문의 마지막 대수집가 페르디난도 대공이 공국 전역의 제단에서 약탈해 온 성화의 수를 헤아릴 수도 있어요. 라파엘로가 어린 시절 잃은 어머니를 위해 백만 번째로 그린 작품, 〈옥좌 위의 마돈나〉 앞에서 감동을 받을 수도 있고요. 티치아노의 〈영국 젊은이〉와 친구가 되고 피에트로 다 코르토나의 작품 〈살라 델라 스투파〉의 부드러움에 빠질 수도 있어요. 로소 피오렌티노[80]의 〈팔라 데이〉 앞에서 전율을 느끼거나, 피카소가 자신의 작품 〈게르니카〉에 표현한, 평범하지 않지만 명백한 평화주의자였던 루벤스의 풍자를 하나씩 하나씩 독파해 볼 수도 있죠.

80 Rosso Fiorentino, 1494~1540년, 이탈리아 피렌체 출신의 화가이자 장식가이다. 반고전주의 양식을 이루어 초기 마니에리스모 화풍의 대표자 중 한 사람이 되었다.

제가 팔라티나 미술관에서 가장 좋아하는 작품은 1623년 안톤 반 다이크가 그린 〈귀도 벤티볼리오 추기경의 초상화〉예요. 이 그림 앞에 서면 마법에 홀린 듯 시간이 멈춰버리죠. 적자색의 위엄과 풍성하게 주름이 잡힌 화려한 휘장, 프랑스 왕의 편지 등 모든 요소가 그림의 주인공이 나랏일을 하는 사람이라는 점을 시사하고, 교황이나 추기경의 초상을 그릴 때의 전형적인 이탈리아 르네상스 화풍이(티치아노가 그린 라파엘로의 유색 초상화처럼) 그대로 드러나는 작품이에요. 하지만 화병이나 가늘고 신경질적인 손, 그리고 특히 살짝 돌린 고개와 초점을 잃은 우울한 눈빛은 화가가 자신의 기억들을 씁쓸하고 서정적인 내적 성찰로 전환했다는 것을 말해 주죠. 벤티볼리오 추기경은 손에 들린 편지를 이제 막 읽고 고개를 들어 창밖을 바라봅니다.

하지만 추기경은 정말 무엇인가를 보는 것은 아니죠. 깊은 생각에 빠진 거죠. 그림 속에 추기경이 보이기는 하지만, 사실 그는 그 속에 없어요. 우리가 추기경을 찾은 것 같지만, 그는 어느새 도망쳐 버리죠. 그는 언제나 우리를 피해 도망쳐요. 제 경우, 피렌체가 그렇습니다. 이 도시는 종종 저를 떠나 버려요. 우리 언제 한번 만날까요? 괜찮으시면 귀도 벤티볼리오의 붉은 방에서 보죠. 이 작품에 대해 몇 시간이고 이야기를 나눌 수 있을 거예요. 우리끼리, 벤티볼리오 추기경도 함께요. 안녕히 계세요.

| 잔 미구엘 피레 Jean Miguel Pire | 연구가

피렌체는 정원 같아요. 일부 지역은 아직도 공원이 주를 이루고 있죠. 자연이 이곳에 둥지를 튼 것 같아요. 인공적인 세상과 자연의 세상을 잇는 마법의 통로 같은 역할을 하는 거리도 있죠. 어디냐고요? 베키오 다리에서 몇 발짝 떨어지지 않은 곳에서 상당히 온화하게 시작되는 거리예요. 이 거리는 여러분의 손을 잡고 순식간에 인파 밖으로 이끌 거예요. 단 몇 분이면 침묵과 그늘, 높은 하늘과 함께 할 수 있죠. 다리 근육이 달궈지겠지만 흥분에 휩싸여 그런 것은 느끼지도 못할 거예요. 지붕들 사이로 보이는 하늘의 풍경과 위로 올라가면 올라갈수록 두오모의 윤곽이 점점 더 넓게 펼쳐져요. 물론 여러분의 발걸음이 빠르면 시야가 넓어지는 속도도 빨라지죠.

바르디니 정원 입구를 지나 포르타 산조르조까지 가보세요. 그러면 첫 번째 여정을 마친 거예요. 그다음에는 산책하기에 더없이 좋은 새로운 길이 시작 돼요. 수 세기 동안 변하지 않은 아름다움을 간직한 곳, 산레오나르도 거리에서 감성에 젖는 경험을 하게 될 거예요. 그리 높지 않은 두 개의 벽 사이에 놓인 이 길은 완벽한 평온 속으로 빠져들게 만들어요. 이 길을 따라 가면 교외 쪽으로 나가게 돼요. 길은 계속 오르막이지만 벽은 점점 낮아져 눈앞에 지평선이 펼쳐지죠.

피렌체는 저 멀리에서 조용히 빛을 내며 여러분과 동행해 줄 거예요. 그리고 깔끔하게 정리된 정원처럼 완벽한 풍경을 감상하며 휴식을 취할 수 있죠. 산레오나르도 거리를 지나 곧장 가면 르네상스 시대의 모습을 그대로 간직하고 있는 마을 아르체트리Arcetri가 나올 거예요. 낮은 벽에 기대 휴식을 취해 보세요. 완벽한 고요와 부드러운 향기를 느낄 수 있을 거예요. 여러분의 동반자에게 입맞춤도 한번 해보세요. 갑자기 어디선가 나타난 오토바이가 지나갈 수도 있어요. 그럼 여러분은 깜짝 놀라 얼어붙겠죠. 이곳에 가면 여러분이 스무 살에 했던 일들을 그때와 똑같은 순서로 다시 한 번 해보세요. 바뀐 것은 아무것도 없어요. 꿈에서나 되돌릴 수 있었던 청춘을 현실에서 느껴볼 수 있어요. 이곳에서는 완전히 은혜 받은 시간을 보낼 수 있답니다.

| 제임스 브래드버른 James Bradburne | 팔라초 스트로치 재단 전 이사장

잘 아시겠지만 저는 파비오 씨의 '문명 제국' 팬입니다. 이 부근에서는 제가 꼽는 레스토랑과 트라토리아가 몇 군데 안 돼요. 조반니 오스테리아 Osteria di Giovanni(호박꽃 튀김), 소스탄차Sostanza(버터 치킨), 코코 레초네Coco Lezzone(돼지 등뼈), 아르만도Armando, 나탈리노Natalino, 루제로Ruggero, 오메로Omero(골 튀김), 플로리안 레스토랑Ristorante Florian(생선 카르파치오) 정도죠.

- 식품점 : 두 군데 시장을 모두 다니면서 장을 봐요.
- 카페, 베이커리 : 치브레오 카페, 질리Gilli.
- 로맨틱한 벤치 : 인디펜덴차 광장Piazza dell'Indipendenza, 다젤리오 광장.
- 공원 : 보볼리 정원(특히 부온탈렌티의 동굴), 바르디니 정원, 영국인 묘지, 게라르데스카 정원Giardino della Gherardesca, 오르티 오리첼라리Orti Oricellari, 카스텔로Castello, 잠볼로냐의 동굴Grotta del Giambologna, 페트라이아Petraia, 빌라 이 타티, 빌라 라 피에트라Villa La Pietra.
- 피렌체 외부 지역을 포함해 사랑에 빠질 만한 교회와 장소, 작품들 : 산타 펠리치타, 폰토르모, 산티시마 안눈치아타, 폰토르모 예배당Cappella Pontormo, 온니산티Ognissanti, 스티버트 박물관, 마지오 거리에 있는 비안카 카펠로Bianca Cappello 저택의 그래피티 장식, 부온탈렌티 분수Fontana Buontalenti, 카르미냐노, 폰토르모.
- 그 밖에 기억할 만한 것들 : 겨울 새벽녘 두오모 광장Piazza del Duomo, 10월 포도 수확 후 피렌체 주변 시골 마을.

| 라파엘레 팔룸보 Raffaele Palumbo | 저널리스트

내게 가장 감동적인 피렌체의 명소 10곳

- 애수 : 모나스테라치오Monasteraccio – 소피아노 거리Via Soffiano 꼭대기에서 어느 쪽으로 가든 작은 수도원이 나온다. 지금은 문을 닫아 특별한 행사가 있을 때만 사용된다. 가장자리 언덕에 수도원과 같은 이름의 작은 막다른 길이 있는데, 프란체스코 구리에리 교수는 이 길을 위한 짧은 책을 쓰기도 했다. 불명예스러운 일 때문에 모나스테로가 아닌 모

나스테라치오가 된 이 수도원에는 실제로 수세기 전 피렌체의 역사에 남을만한 사건과 전설이 수없이 많다.[81]

- 감탄 : 브루넬레스키 돔의 전망. 지금까지도 브루넬레스키가 어떻게 이 돔을 만들었는지 몇 마디 말로 설명하기 어렵고, 세계에서 현존하는 가장 거대한 성벽으로 남아 있다. 마리뇰레 성Castello di Marignolle에서 보이는 전망은 정말 경이롭고, 레푸블리카 광장Piazza della Repubblica의 리나셴테 테라스Terrazza della Rinascente에서는 더 가까이 보이고, 산 니콜로 탑Torrino di San Niccolò에서는 손가락을 뻗으면 닿을 것 같은 느낌이 든다.
- 경이 : 산미니아토 알 몬테 성당. 몇십 년 전, 내가 나폴리에서 대학원을 다닐 때 미술사 교수님을 정말 좋아했다. 강의실에서 굴뚝처럼 담배 연기를 뿜던 그 교수님 성함이 멜리시였는데, 어느 날 이런 말씀을 하셨다. "오늘은 세상에서 가장 아름다운 교회 이야기를 할 겁니다." 그 후 산미니아토 알 몬테에 갈 때마다 그 교수님 생각이 났고, 교회 건물을 바라보며 내 눈앞에 세상에서 가장 아름다운 교회가 있구나 하는 생각을 한다.
- 순수한 유흥 : 곱창 상인들. 곱창과(다른 것도 함께 판매) 람프레도토를 파는 수많은 노점상들 중에서 진짜 곱창 상인들은 몇 남지 않았다. 파니니 가게들도 대부분 햄버거와 핫도그도 판매하고 생 곱창을 어떻게 다루는지 정확하게 모른다. 아직까지 곱창 손질을 잘하는 상인들 중에서 나는 포르타 로마나에서 장사하는 마리오네 씨 부부와 가비나나Gavinana의 반디노 광장Piazza del Bandino의 레오나르도 씨 부부를 찾아간다. 내가 이들을 찾는 이유는, 음식은 둘째 치고, 축복 받은 이 하루하루를 하나도 놓치지 않고 매일 이 거리의 풍경을 연출하고 있기 때문이다. 마치 영화감독처럼.
- 재발견 : 필리스트루키Filistrucchi. 이곳은 1720년부터 피렌체에 자리

81 모나스테로(monastero)는 '수도원'이라는 뜻이고, 모나스테라치오(monasteraccio)는 '작은 수도원' 또는 '좋지 않은 수도원'이라는 뜻이다.

잡고 있는 가장 오래된 공방이다. 한 가문에서 똑같은 상호를 걸고 말 그대로 세대에서 세대를 거쳐 가업을 전승해 왔다(메이크업과 가발 관련 작업). 공방 안에 들어가면 오랫동안 이어진 피렌체 수공예 역사에 아주 중요한 곳임을 단번에 알 수 있다. 이 업종이 계속될 수 있었던 것은 수백 년 전에 익힌 기술을 이어 온 이 가문 사람들의 지칠 줄 모르는 노력과 열정 덕분이다.

- 명상 : 페스카이아 디 산타 로사Pescaia di Santa Rosa를 지나는 아르노 강의 물결. 체스텔로 광장Piazza del Cestello과 티라토이오 거리Via del Tiratoio, 그리고 아메리고 베스푸치Amerigo Vespucci라는 이름이 붙은 다리 바로 전에 있는 룽가르노 소데리니Lungarno Soderini 강변에 페스카이아 디 산타 로사 제방이 있다. 온니산티 광장의 전면과 멋진 저택들, 대형 호텔들의 룸과 테라스가 즐비하지만, 그런 것들에 전혀 한눈팔지 않고 몇 시간이고 아르노 강의 파도가 제방에 부딪히는 모습을 지켜볼 수 있다. 특히 겨울에 아르노 강물이 불 때, 커다란 나뭇가지들이 쓸려오면 제방이 온통 갈색과 회색이 되고 증기를, 영원히 끝나지 않을 것 같은 분노에 찬 연기를 내뿜는다.
- 경탄 : 오데온 극장을 등지고 입구에 기대 바라보는 스트로치 궁의 풍경. 인도에서 한동안 지내다가 어느 일요일 아침 귀국행 비행기에 몸을 실었다. 그리고 이탈리아에 도착한 지 몇 시간 되지 않았는데 오데오 극장으로 날아가야 할 일이 있었다. 행사가 시작되기를 기다리면서 스트로치 궁을 바라봤다. 당시 1월이었고 진한 푸른색 하늘에는 구름 한 점 없었다. 나는 입을 떡 벌린 채 20분 동안 꼼짝도 하지 못했다. 할 말이 없었다. 모든 것이 아주 완벽하게 아름다웠기 때문이다.
- 꿈 : 레나이Renai. 피렌체와 시냐Signa 시에 속한 라스트라Lastra가 접해 있는 레나이 공원에서 우연히 작은 노 젓는 배를 타게 됐는데, 이때 느낀 감정 때문에 꿈이 하나 생기고 말았다. 아르노 강에서 배를 띄워 피

사까지 항해하고 싶어진 것이다. 이런저런 기회가 있어서 레나이에서 잠깐씩 배를 타보기도 했고, 야생 지역까지 들어간 적도 있다. 피렌체와 피사가 꽤 가까우니 가능하지 않을까?

- 분노 : 내 항해의 꿈이 얼토당토하지 않아 보이는 것을 잘 안다. 그런데 그에 뒤지지 않는 일부 공동주택들이 피렌체 외곽을 훼손하고 있다. 왜 두오모에서 사정거리 내에 무엇인가 있어야 하고, 이런 모든 상황을 보는 나는 스캄피아[82]가 떠오르는 걸까? 어째서 건물을 지은 사람이 '완공 후'에는 책임감을 느끼지 못하는 걸까? 인류 역사에 한 획을 그은 이 도시 출신의 위대한 설계자들이 사용하던 것과 똑같은 '캔버스'를 사용하면서 부끄럽지도 않은가? 어째서 건축가들이 자기들이 지은 건물에 가족과 함께 최소 5년 정도 살게 하는 법이 없는 걸까?
- 희망 : 이솔로토 광장Piazza dell'Isolotto. 이 광장은 재심사와 재개발 및 리모델링 계획 덕분에 새로운 국면에 들어서게 됐다. 지금도 조르조 라 피라[83]와 돈 마치를 비롯해 피렌체에서 가장 아름답고 호의적이고 풍요로운 공동체에 소속된 모든 시민들의 발걸음 소리가 울려 퍼지고 있다. 학교에서 결성된 초창기 조합들과 아주 일찍 이주한 이민자들... 어쨌든, 그 누구도 이 광장이 우리에게 꾸준히 선물해 주는 감정들을 빼앗을 수는 없을 것이다.

82 Scampia, 나폴리 북부에 위치한 세계 최대 약물 거래 시장.

83 Giorgio La Pira, 이탈리아의 정치가, 피렌체 시장을 두 번 역임했다.

| 피암마 폴리 Fiamma Folli | 자영업자

안녕하세요, 파비오 씨, 제 비밀 장소를 알려 드릴게요.

일단 피에솔레에 올라가서 미노 광장Piazza Mino을 지나 오로라 호텔Albergo Aurora 앞을 지나는 길로 들어가세요. 베르디 거리Via Verdi에 접어들자마자 화려하고 고급스러운 주택들이 줄을 지어 있어서 쉽게 지나치기 어려울 거예요. 대부분의 관광객이 쉬어 가는 첫 번째 자연 전망대를 지나 계속 가야 하는데, 또 경사진 길이라 정말 포기하고 싶을 거예요. 하지만 숨이 찰 즈음이 되면 그곳에 사는 사람만 차를 움직일 수 있는 작은 광장 같은 공터가 나와요. 여기에 작은 벽이 하나 있는데, 아래쪽 저택들의 정원 덕분에 가장자리에 푸릇하게 풀이 돋아 있어서 화려한 발코니처럼 보이죠.

벽이 낮기는 하지만 연인들이 숨어 입맞춤을 나눌 수 있을 정도의 길이는 돼요. 그리고 저 아래 펼쳐진 피렌체를 바라보며 사랑에 빠질 수 있는 전망도 보여주죠. 이곳은 남서쪽을 향하고 있어서 영화 속의 한 장면 같은 석양을 볼 수 있어요. 센스가 있는 분이라면 이 외진 곳에 올 때 좋은 와인 한 병과 잔 두 개, 그리고 약간의 먹을거리를 바구니에 담아 가지고 오겠죠. 연인이나 배우자가 있다면, 저 낮은 벽을 탁자 같은 용도로 쓰면 딱 좋을 거예요. 이 세상에서 할 수 있는 모든 사랑의 표현을 할 수 있는 벽이죠. 안녕히 계세요.

| 밀리 모스타르디니 Milly Mostardini | 저널리스트

피렌체에서 가장 친숙한 풍경은 어떤 것일까요? 딱 하나만 말하기는 어려울 것 같네요. 이미 너무 많은데다가 앞으로 더 발견하게 될 테니까요. 저희 집에 와보세요. 창밖에 두오모의 등불, 아르놀포 탑이 코앞에 있죠. 지붕 위로 올라가 볼까요? 그래요, 거기 둥글게 부푼 두오모 천장이 있죠. 걷고 또 걸어도 두오모를 향한 사람들의 행렬은 피할 수 없어요.

제 마음에 품고 있는 평화로운 벤치요? 데미도프 광장Piazzetta Demidoff에 있어요. 앞에는 강물이 흐르고 이쪽에는 프라토마뇨Pratomagno 산, 저쪽에는 베키오 다리, 정면에는 방금 전까지 바로 여러분에게 인사를 건넨 탑과 종들이 있죠. 겨울에도 꽃이 피는 가파른 장미 정원의 비밀이 뭐라고 생각하세요? 걷고, 오르고, 내려오면 알 수 있어요.

정말 소중한 피렌체 사람들이요? 배관공 피에로 씨는 수도관이 터지면 10분 안에 오세요. 유리가게 주인은 12시간 안에 9월 어느 날 쏟아진 우박으로 산산조각이 난 창문들을 모두 갈아 끼우죠. 끈이 떨어져 망가진 가방도 장인들의 손에 들어가면 단 10분 만에 완벽하게 다시 사용할 수 있는 상태로 돌아와요. 오래된 계단 손잡이가 갈라지면 목수 피오렌초 씨가 와서 보고 잠시 고민하다가 다시 새것으로 만들어 놓죠. 할머니가 쓰던 유행이 너무 지난 안락의자가 있다면 은퇴한 실내 장식가를 부르면 완벽하게 다시 만들어줄 거예요.

원단이요? 매주 화요일에 산탐브로조 시장 노점상에서 10유로면 구입할 수 있어요. 피렌체의 예술가와 장인들은 자부심이 강하고 퉁명스럽고 진지하다는 점을 알아 두셔야 해요. 담배 가게 주인이나 약사는 사생활 보호 차원에서 목록에 넣지는 않을게요. 왜냐면 제가 거의 애인처럼 생각하는 사람들이거든요.

지면이 허락한다면 마지막으로 한 가지 더 말하고 싶은 게 있어요. 성모 마리아의 종 수도회의 수사이자 시인인 다비데 마리아 투롤도는 이곳에 있는 동안 《피렌체의 신비한 영혼》이라는 소책자를 썼어요. 그는 이 책에서 이렇게 말했어요. "피렌체가 믿음이 없다는 것이 아니다. 피렌체에서는 그저 진실한 것만 믿는 것뿐이다."

| **세피 헨들러** Sefy Hendler | 미술 사학자

| **갈리아 에이탄** Galia Eytan | 기자 겸 사진가

우리의 피렌체. 박물관, 그저 돌만 바라보고 싶다면 피에트레 두레 오피피치오 박물관Museo dell'Opificio delle Pietre Dure. 우피치 미술관과 미켈란젤로의 다비드상이 훨씬 더 인기가 좋지만, 이 소박한 박물관도 매력이 없지는 않아요. 1588년도에 페르디난도 1세 대공은 이 박물관을 설립하면서 '왕자들의 예배당Cappella dei Principi'을 장식할 희귀한 석재를 생산하는 공장을 만들었죠. '왕자들의 예배당'에는 진정한 피렌체의 전통이 간직돼 있어요. 현재 이 박물관은 경질 석재와 다색채 대리석 상감과, 그 상감을 이용한 인조대리석 작품, 석재 위에 그린 회화, 유화와 작업 도구 등을 소장하고 있어요. 평상시 방문객은 거의 없지만 상당히 신비롭고 석재 예술이 얼마나 경이로운지, 피렌체가 이 석재들과 어떤 관계인지 보여주는 박물관이랍니다.

- 공원, 최고의 피렌체 전경 : 바르디니 저택과 정원. 피렌체에서 가장 유명하고 웅장한 정원은 당연히 보볼리 정원과 피티 궁에 부속된 공작의 정원들이죠. 그리고 피렌체에서 가장 비밀스러운 정원은 바르디니 정원이에요. 이 이름은 이탈리아 예술에 매우 정통한 상인 스테파노 바르디니Stefano Bardini에서 온 거예요. 그의 가문에서 정원과 저택을 정부에 넘기고 받은 선물이죠. 바르디 거리 1번지로 들어가서 근처 보볼리 정원에 들어갈 때 받은 입장권을 가지고 계시고요. 작고 아기자기한 카페테리아나 언덕 꼭대기 전망대에서 바라보는 전경은 정말 잊을 수 없을 거예요. 우리에게 최고의 피렌체 전망을 선물한답니다.
- 레스토랑 : 다 마리오 식당에서 졸도할 때까지 먹기. 우리가 가장 좋아하는 트라토리아는 시내 중심가에 있고 지역 주민들이나 뉴욕에서 도

료까지 각지에서 온 관광객들에게 비밀로 하지도 않아요. 로메오와 파비오를 비롯해 이 식당의 모든 가족들이 여러분을 진짜 피렌체 사람처럼 대할 거예요(좋을 수도 있고 안 좋을 수도 있죠). 자리는 불편하지만 아늑하고 음식이 신선할 정도예요. 여기서 해주는 대로 먹는 스테이크가 정말 맛있어요. 관광객 티내면서 바싹 익혀 달라고 하면 식사를 하는 내내 여러분을 무시할 거예요. 다 마리오 트라토리아는 중앙 시장 광장 Piazza del Mercato Centrale 바깥에 로시나 거리Via Rosina 2r번지에 있고 일요일만 빼고 매일 점심시간에 문을 열어요. 예약이 안 되니까 빨리 가셔야 해요!

| 그레고리오 모피 Gregorio Moppi | 음악평론가

제가 파비오 씨가 부탁한 것을 제대로 했는지 모르겠네요…
한번 보세요.

로마나 거리에서, 아날레나 정원Giardino di Annalena과 보볼리 정원 입구들 중 한 곳 사이에 둔탁하면서 왠지 신비로워 보이는 건물이 하나 있어요. 못 본 척 지나치려 해도 그럴 수 없는 건물이죠. 평범하기 그지없어서 오히려 더 두드러지는 것 같더군요. 프라톨리니[84] 소설의 한 장章을 위한 배경이라고 해도 잘 어울릴 것 같은 분위기죠. 정문이 열려 있을 때 슬쩍 안을 들여다보면, 요양원처럼 단조로운 로비가 있을 거예요. 마치 70년 훨씬 전부터 시간이 흐르지 않는 곳 같죠. 우리가 볼 수 있는 것은 그저 양복점에서 일하는 청년들이나 흐트러진 옷차림으로 앞치마에 토마토소스까지 묻히고 부산스럽게 움직이는 뚱뚱한 아주머니가 잠깐 드나드는 모습 정도죠.

84 Vasco Pratolini, 1913~1991년, 피렌체에서 태어난 소설가.

이 건물에서 작곡가 루이지 달라피콜라Luigi Dallapiccola가 1975년 2월 사망할 때까지 20년 이상 살았답니다. 크로아티아의 이스트리아가 고향이지만 단테에 대한 애정 때문에 피렌체를 제2의 고향으로 삼았거든요. 그는 약간 이 건물과 닮았어요. 엄격해 보이는 외모에 교수 같은 말투, 그리고 하는 행동들이 무척 진지했거든요. 그는 아무 색깔 없는 중산층이라는 이력 뒤로 예술가로서의 잠재력과 견고하고 논리적인 사상을 감추고 살았어요. '케루비니Cherubini' 음악원에서 작곡을 가르쳐 달라는 요청을 했지만, 이를 마다하고 그저 피아노 보조 교사 정도로, 자신의 위치를 B급에 묶어 두기를 원했죠. 지금은 요양원 같아 보이는 로비 저 너머에는 루이지 달라피콜라의 흔적은 더 이상 남아 있지 않아요. 그에 대해 조금 더 알고 싶으면 몇십 미터 더 걸어가서 마지오 거리에 있는 본산티 기록 보관소Archivio Bonsanti로 가야 해요. 그곳에 가면 그가 남긴 이런저런 기록들을 재구성해 유리관 안에 전시해 놓았답니다.

| 아날리사 파실리 Annalisa Passigli | 사업가

피렌체에서 가볼 만한 장소와 볼만한 것들

- 피렌체에서 피에솔레 방향, 혹은 역방향으로 산도메니코 거리를 지나다 보면 보이는 알체도 베이커리는 꼭 들러봐야 할 곳.
- 비볼리의 젤라토는 여름이든 겨울이든 항상 맛봐야 하고, 치브레오와 테아트로 델 살레에서 시간 보내기.
- 산탐브로조 시장 안에서 스키아치아타 빵 사기.
- 자뎅 다이버즈Jardin Divers에서 다른 사람과 나 자신에게 꽃다발 선물하기.
- 바르디니 정원 카페 로지아에서 간식 먹기.

- 아르노 강 위의 모든 다리를 좌우를 둘러보며 건너기.
- 브란카치 예배당의 아름다움에 매번 감탄하기.
- 치타 나스코스타Citta Nascosta 문화 협회에서 기획한 '특별한' 예술 행사 방문하기.
- 보볼리 정원을 산책하고 가끔 풀밭에 드러누워 보기.

| 알베르토 세베리 Alberto Severi | 기자, 극작가

피렌체 전경이 보이는 베키아 피에솔라나 거리의 모퉁이 벽. 지역 노인회에서 관리하는 보르고 알레그리 정원Giardino di Borgo Allegri. 발룽고Varlungo에 있는 옛 전차 보관소. 유제품 가게, 자전거 가게, 오래된 이발소, 오래된 만화 가게 등 1950~1960년대 유령들의 유물처럼 알파니 거리Via degli Alfani에 줄지어 있는 모든 가게.

비네지아 거리, 토스카넬라 거리에서 브루넬레스키가 리모델링했고 토스카넬리[85]가 만든 우물이 있는 건물 내 화가 겸 요리사 파브리치오 고리Fabrizio Gori의 트라토리아와 1층에 오토네 로사이의 작업실, 옴브렐리노 저택Villa dell'Ombrellino (그리고 황양나무 사이에 가판대와 동상들이 있는 이 저택의 벨베데레 전망대) 아래 벨로스과르도의 '포옹'의 벽, 시피오네 아미라토 거리Via Scipione Ammirato에 두 개의 리버티 건물Villini Liberty, 다젤리오 광장의 벤치들, 보르고 온니산티의 리버티 종루Torre Liberty, 메초 거리Via di Mezzo와 알레시Alessi의 펜톨라 델오로Pentola dell'Oro, 빈칠리아타Vincigliata의 숲, 세티냐노의 묘지, 치마토리 광장Piazza dei Cimatori의 첸트랄레 맥주집Birreria Centrale.

85 Paolo Toscanelli dal Pozzo, 1397~1482년, 피렌체 출신의 천문학자. 유럽에서 서쪽으로 대서양을 항진하여 인도로 가는 신항로의 가능성을 콜럼버스에게 시사했다.

젤라토 가게 '페르케 노Perché No'. 데미도프 광장 안에 차양 아래에 놓인 자선가 데미도프 기념물, 1980년대 뉴웨이브의 신전이었던 피스토이에세 거리Via Pistoiese의 테낙스Tenax, 산니콜로에 클렛Clet(프랑스의 예술가)의 작업실, 산티 아포스톨리Santi Apostoli와 림보 광장Piazza del Limbo, 몬니가 살던 인페르노 거리, 프라텔리 브리간티 트라토리아, 밤 늦게 가면 페르골라나 베르디Verdi 극장 사람들이 식사를 하고 아주 유명한 배우가 매직펜으로 접시에 그림을 그리는 아쿠아 알 두에Acqua al 2 식당.

세르비 거리에 있는 리가치Rigacci 화방, 마돈노네 성상 안치실Tabernacolo del Madonnone, 포조 임페리알레에 있는 오토네 로사이의 〈추한 그리스도〉 성상 안치실, '로마 같아 보이게 하는' 토리첼리 거리Viale Torricelli의 소나무들, 몬티치Montici의 산타 마르게리타 교회Santa Margherita, 아르체트리에 있는 오메로 트라토리아, 바디아 피오렌티나Badia Fiorentina에 있는 필리피노 리피의 작품 〈동정녀 마리아가 산 베르나르도에 나타났네〉(보러 오는 관광객이 거의 없는 명작임), 산타 펠리치타 교회에 있는 폰토르모의 작품 〈그리스도의 십자가 강하〉(이 작품도 마찬가지로 관람객이 거의 없다), 카라이아Carraia의 잔디밭, 우피치 미술관 밑에 있는 카노티에리 체육관Palestra dei Canottieri, 스프로네 거리Via dello Sprone와 로지아 델 그라노Loggia del Grano에 있는 '모퉁이' 분수, 리나센테Rinascente 백화점에 있는 로지아 카페Loggia Caffè, 레푸블리카 광장의 회전목마(순수주의자와 유미주의자들은 혐오스러워하지만 어린 아리안나는 좋아했었다. 그럼 된 거다.).

육교 너머로 쑥 올라와 있는 카시네Cascine의 인도 기념비Monumento all'Indiano, 콘도타 거리의 라 비아 델 테, 치옴피 광장의 고서古書 마차와 벼룩시장(석면 문제가 있든 없든 가볼만은 하다), 이 중 한 작품이 히틀러가 좋아했다는 뵈클린Arnold Böcklin에게 영감을 줬다고 해서 구설수에 올랐지만 도나텔로 광장Piazzale Donatello의 영국인 묘지도 가볼만 한 장소, 몬테 세나리오Monte Senario, 카세 산로몰로Case San Romolo와 인콘트로Incontro 지역, 볼로네제 누오바Bolognese Nuova 위쪽에 있는 건축가 홈스튜디오 마을.

무뇨네 평야Pian di Mugnone와 바디아 다리Ponte alla Badia 사이에 있는 무뇨네 협곡Gola del Mugnone, 가공하지 않은 돌에 대리석을 끼워 넣은 상감으로 장식한 바디아 피에솔라나의 외관, 산레오나르도 거리의 그래피티, 아르노 강 위로 튀어나와 있는 산야코포 소프라르노San Jacopo Soprarno의 애프스[86]와 그 부근에 독일인들의 발파 작업 속에서도 살아남아 꿋꿋이 강을 바라보고 있는 몇 채의 집들(약간 베네치아와 비슷하다), 산프레디아노에 있는 가스 계량기, 가을에 샤프란과 비슷해 보이는 아우구스토 콘티 광장Piazza Augusto Conti이나 미켈란젤로 광장의 은행나무들, 산피에리노San Pierino의 아치. 보볼리 섬Isola a Boboli, 그리고 카페하우스Kaffehaus(보볼리 정원에 있는 별관 건물). 답이 늦어 죄송합니다.

86 apse, 직사각형 건물의 평면에서 입구의 맞은편 마구리 벽면에 설치한 반원형 혹은 다각형의 돌출부.

언제, 어디서, 어떻게

- Ristorante : 격식 있는 고급 식당
- Trattoria : 지방 특색 음식을 중심으로 하는 소규모 식당
- Osteria : 간단한 식사를 할 수 있는 저렴한 식당
- Pizzeria : 피자 전문점
- Pasticceria : 빵, 제과 전문점
- Bar, Caffè : 커피와 차를 비롯하여 간단한 요기를 할 수 있는 곳
- Gelateria : 젤라토 전문점
- Birreria : 맥주 전문점

시내 관광 안내 책자

《피렌체 여행, 쇼핑, 레스토랑, 호텔Firenze. Itinerari, shopping, ristoranti, alberghi》, 주말 가이드, 지운티 출판사
《피렌체Firenze》, 론리플래닛 출판사
《토스카나Toscana》, 이탈리아 가이드, 이탈리아 투어링 클럽
《토스카나. 피렌체, 발다르노, 키안티, 무젤로, 가르파냐나, 베르실리아, 아푸아네, 마렘마Toscana. Firenze, Valdarno, Chianti, Mugello, Garfagnana, Versilia, Apuane, Maremma》, 베르디 가이드, 이탈리아 투어링 클럽

식음료 안내 책자

《2015년 이탈리아의 레스토랑I ristoranti d'Italia 2015》, 레스프레소 가이드
《2015년 이탈리아의 와인I vini d'Italia 2015》, 레스프레소 가이드
《2015년 이탈리아의 오스테리아》, 이탈리아에서 먹고 마시기 위한 부교재, 슬로 푸드
《2015년 슬로 와인》, 이탈리아의 생활과 포도나무, 와인, 슬로 푸드

식사를 할 만한 곳

바, 카페

카페 치브레오Caffè Cibrèo, Via Andrea del Verrocchio, 5r
카페 데이 아르티지아니Caffè degli Artigiani, Via dello Sprone, 16
카페 자코사Caffè Giacosa, Piazza Strozzi (스트로치 궁 내에 있음)
카페 라 로지아Caffè La Loggia, Piazza della Repubblica (리나센테 백화점 내에 있음)
카페라테Caffellatte, Via degli Alfani, 39r
질리Gilli, Piazza della Repubblica, 39r
주로비치Giurovich, Viale don Minzoni, 26
구치 카페Gucci Caffè, Piazza della Signoria, 10
해리스 바Harry's Bar, Lungarno Vespucci, 22r
라 치테La Citè(북카페), Borgo San Frediano, 20
팝카페Popcafé, Piazza Santo Spirito, 18Ar
리부아르Rivoire, Piazza della Signoria, 4r
볼루메Volume, Piazza Santo Spirito, 5r

젤라테리아

아라Arà, Via degli Alfani, 127r
바디아니Badiani, Viale dei Mille, 20r
카라베Carabé, Via Ricasoli, 60r
카라피나Carapina, Via Lambertesca, 18
젤라테리아 데 메디치Gelateria De'Medici, Via dello Statuto, 3
젤라테리아 카비니Gelateria Cavini, Piazza delle Cure, 19–23r
일 프로코피오Il Procopio, Via Pietrapiana, 60
페르케 노Perché No, Via dei Tavolini, 19r
비볼리Vivoli, Via dell'Isola delle Stinche, 7r

파스티체리아

알체도Alcedo, Via Gramsci, 29, Fiesole (피렌체)
카포네리Caponeri, Via Valori, 4
쿠치올로Cucciolo, Via del Corso, 25r
조르조Giorgio, Via Duccio di Boninsegna, 36
괄티에리Gualtieri, Via Senese, 18
돌치 에 돌체체Dolci & Dolcezze, Piazza Beccaria, 8r
이 돌치 디 마르코I Dolci di Marco, Via Gioberti, 21
일 레 델라 포레스타Il Re della Foresta, Piazza Giorgini, 22
마르첼로Marcello, Viale Europa, 169r
모란디Morandi, Via Senese, 134r
퀘르치 비에소Querci Viesseux, Piazza Viesseux, 2

리스토란테, 트라토리아, 오스테리아, 피체리아

아쿠아 알 두에Acqua al 2, Via della Vigna Vecchia, 40r
아르만도Armando, Borgo Ognissanti, 140r
브라우마이스터Braumeister, Via Madonna della Tosse, 12
카밀로Cammillo, Borgo San Jacopo, 57r
칸티네타 안티노리Cantinetta Antinori, Piazza Antinori, 3
치브레이노Cibreino, Via dei Macci, 122r
치브레오Cibrèo, Via dei Macci, 122r
코코 레초네Coco Lezzone, Via Parioncino, 26r
다 루제로Da Ruggero, Via Senese, 89
에노테카 핀키오리Enoteca Pinchiorri, Via Ghibellina, 87

플로리안Florian, Viale Morgagni, 10B
일 구시오Il Guscio, Via dell'Orto, 49
일 마가치노Il Magazzino, Piazza della Passera, 2–3
라 디비나 피자La Divina Pizza, Borgo Allegri, 50r
라 펜톨라 델오로La Pentola dell'Oro, Via di Mezzo, 24
마리오Mario, Via Rosina, 2r
마리오네Marione, Via della Spada, 27
나탈리노Natalino, Borgo degli Albizi, 17
오메로Omero, Via del Pian dei Giullari, 47
오스테리아 디 조반니Osteria di Giovanni, Via del Moro, 22
피체리아 프라텔리 브리간티Pizzeria Fratelli Briganti, Piazza Giorgini, 12r
라리 리스토로 술아쿠아Rari Ristoro sull'aqua, Lungarno Ferrucci, 24
소스탄차Sostanza, Via del Porcellana, 25r
트라토리아 델 카르미네Trattoria del Carmine, Piazza del Carmine, 18r
차차Zàzà, Piazza del Mercato Centrale, 26

피렌체 외곽

보테기나 디 두다Botteghina di Dudda, Via Dudda, 12, Greve in Chianti (피렌체)
칸티네타 델 논노Cantinetta del Nonno, Via IV Novembre, 18, San Casciano (피렌체)
라 가르고타La Gargotta, Via Vicchio e Paterno, 19, Bagno a Ripoli (피렌체)
레 카베 디 마이아노Le Cave di Maiano, Via Cave di Maiano, 16, Fiesole (피렌체)
비난드로Vinandro, Piazza Mino, 33, Fiesole (피렌체)

곱창

포르타 로마나 광장, 포르타 로마나Porta Romana(마리오네) 곱창
반디노 광장, 가비나나Gavinana(레오나르도) 곱창
마치 거리Via dei Macci의 곱창
노빌레Nobile, Piazza Madonna degli Aldobrandini, 13r

기타 유용한 주소

비레리아 첸트랄레Birreria Centrale(맥주집), Piazza dei Cimatori, 1r
다 네르보네Da Nerbone, al Mercato Centrale, Piazza del Mercato Centrale, 12r
프루타 에 오르타지 디 콜리비키 지노Frutta e Ortaggi di Colivicchi Gino(청과물상), Via Sant'Agostino, 24–26r
이 두에 프라텔리니I due Fratellini, Via de'Cimatori, 38r

라 비아 델 테La Via del Tè(찻집), Piazza Ghiberti, 22–23r, Via della Condotta, 26–28r, Via di Santo Spirito, 11 (프레스코발디 궁 안에 있음)
레 볼피 에 루바Le Volpi e l'Uva, Piazza dei Rossi, 1
마마스 베이커리Mama's Bakery, Via della Chiesa, 24r
올드 잉글랜드 스토어즈Old England Stores, Via dei Vecchietti, 28
페냐Pegna, Via dello Studio, 8
프로카치Procacci, Via de'Tornabuoni, 64r
로스티체리아 알포Rosticceria Alfo, Piazza delle Cure, 4r, Via Borghini, 4r, Via Fabroni, 8
스케지–로 스푼티노Scheggi-Lo Spuntino(스낵바), Viale dei Mille, 1
슈거 블루스Sugar Blues, Via dei Serragli, 57r
스픽이지 23Speakeasy 23(맥주집), Via San Niccolò, 23

시장

식품 시장, 기베르티 광장Piazza Ghiberti
산탐브로조 식품 시장, 산탐브로조 광장Piazza Sant'Ambrogio
산로렌초 중앙 시장, 메르카토 첸트랄레 광장Piazza del Mercato Centrale
벼룩 시장, 치옴피 광장Piazza dei Ciompi
아치아이우올리 시장, 아치아이우올리 광장Piazza Acciaiuoli
비차리아 시장, 자르디노 델라 비차리아 거리Via Giardino della Bizzarria
카노바 시장, 카노바 거리Viale Canova
쿠레 시장, 쿠레 광장Piazza delle Cure
판티 시장, 판티 거리Viale Fanti
가리발디 시장, 가리발디 광장Piazza Garibaldi
기베르티 시장, 로렌초 기베르티 광장Piazza Lorenzo Ghiberti
잔노티 시장, 아르투시 광장Piazza Artusi
이솔로토 시장, 이솔로토 광장Piazza dell'Isolotto
이손초–소르가네 시장, 베네데토 크로체 거리Via Benedetto Croce
예르비스 시장, 예르비스 거리Via Jervis
라미 시장, 라미 거리Viale Lami
마르첼로 시장, 베네데토 마르첼로 거리Via Benedetto Marcello
몬차니 시장, 몬차니 광장Largo Monzani
네를리 시장, 데 네를리 광장Piazza De'Nerli

피에르 델라 프란체스카 시장, 피에르 델라 프란체스카 광장Piazza Pier della Francesca
피아제-에밀리아 시장, 에밀리아 거리Via Emilia
피아제-롬바르디아 시장, 롬바르디아 거리Via Lombardia
폰테 로소 시장, 폰테 로소 거리Via del Ponte Rosso
푸치니 시장, 푸치니 광장Piazza Puccini
리프레디 시장, 리프레디 거리Via di Rifredi
로마나 시장, 포르타 로마나 광장Piazzale di Porta Romana
산토 스피리토 시장, 산토 스피리토 광장Piazza Santo Spirito
살비 크리스티아니 시장, 살비 크리스티아니 거리Via Salvi Cristiani
산바르톨로 아 친토이아 시장, 산바르톨로 아 친토이아 거리Via di San Bartolo a Cintoia
산살비 시장, 데 아미치스 거리Viale De Amicis
세스테세 시장, 세스테세 거리Via Sestese
링컨 7일장, 아브라모 링컨 거리Viale Abramo Lincoln
프리모 마지오-브로치 7일장, 마지오 광장Piazza I maggio
카도르나 특별 시장, 카도르나 거리Viale Cadorna
치옴피 특별 앤티크 시장, 치옴피 광장Piazza dei Ciompi
모피 특별 시장, 펠리체리아 거리Via Pellicceria

박물관

산조반니 바티스테로Battistero di San Giovanni, 두오모 광장Piazza del Duomo
체나콜로 디 안드레아 델 사르토Cenacolo di Andrea del Sarto, 산살비 거리 Via di San Salvi, 16
체나콜로 디 산타폴로니아Cenacolo di Sant'Apollonia, XXVII 아프릴레 거리 Via XXVII Aprile, 1
키오스트로 델로 스칼초Chiostro dello Scalzo, 카부르 거리Via Cavour, 69
팔라티나 미술관Galleria Palatina, 피티 광장Piazza Pitti, 1 (피티 궁 내에 있음)
고고학 박물관Museo Archeologico, 콜론나 거리Via della Colonna, 38, 산티시마 안눈치아타 광장Piazza Santissima Annunziata, 9b
바르디니 박물관Museo Bardini, 레나이 거리Via dei Renai, 37
바르젤로 박물관Museo del Bargello, 프로콘솔로 거리Via del Proconsolo, 4
피에트레 두레 오피피치오 박물관Museo dell'Opificio delle Pietre Dure, 알파니 거리 Via degli Alfani, 78

정물 박물관Museo della Natura Morta, 메디치 광장Piazza dei Medici, 4, 포조 아 카이아노Poggio a Caiano (프라토)
스페콜라 박물관Museo della Specola, 로마나 거리Via Romana, 17
두오모 오페라 박물관Museo dell'Opera del Duomo, 두오모 광장Piazza del Duomo, 9
산마르코 박물관Museo di San Marco, 산마르코 광장Piazza San Marco, 3
자연사 박물관Museo di Storia Naturale(지질학, 고생물학 분야), 조르조 라 피라 거리Via Giorgio la Pira, 4
페라가모 박물관Museo Ferragamo, 산타 트리니타 광장Piazza Santa Trinita, 5
스티버트 박물관Museo Stibbert, 페데리고 스티버트 거리Via Federigo Stibbert, 26
아르체트리 전망대Osservatorio di Arcetri, 엔리코 페르미 광장Largo Enrico Fermi, 5
메디치 리카르디 궁Palazzo Medici Riccardi, 카부르 거리Via Cavour, 3
피티 궁Palazzo Pitti, 피티 광장Piazza Pitti, 1
로마노 극장Teatro Romano, 포르티지아니 거리Via Portigiani 3, 피에솔레Fiesole
바르디니 저택Villa Bardini, 산조르조 해안Costa San Giorgio, 2
고리 저택Villa Gori 혹은 첼레 농장Fattoria di Celle, 몬탈레세 거리Via Montalese, 7, 산토마토 지구Località Santomato (피스토이아)
포조 아 카이아노의 메디치 저택Villa Medicea di Poggio a Caiano, 메디치 광장 Piazza dei Medici, 4, 포조 아 카이아노Poggio a Caiano (프라토)

아틀리에, 서점, 부티크, 장인 공방

알베르티 디스키Alberti Dischi, 보르고 산로렌초Borgo San Lorenzo, 45-49r
알렉산드로 다리 지오이엘리Alessandro Dari Gioielli(보석), 산니콜로 거리 Via San Niccolò 115r
안젤라 카푸티 지우지우Angela Caputi Giuggiù, 산토 스피리토 거리 Via di Santo Spirito, 58
안티코 세티피치오 피오렌티노Antico Setificio Fiorentino, 로렌초 바르톨리니 거리 Via Lorenzo Bartolini, 4
안토니오 가토 아틀리에Antonio Gatto Atelier, 피티 광장Piazza Pitti, 5
아쿠아플로르 프로푸미Aquaflor Profumi, 보르고 산타 크로체Borgo Santa Croce, 6
보테가 몬테벨로 – 미술 갤러리Bottega Montebello - Galleria D'arte, 세르비 거리 Via dei Servi, 111r
카사 델 오라포Casa dell'Orafo 혹은 황금 저택Palazzo dell'Oro, 마르치오 골목 Vicolo Marzio, 2 (베키오 다리 안에 있음)

몬텔라티치 자전거점Cicli Montelatici, 조베르티 거리Via Gioberti, 5
모로치 자전거점Cicli Morozzi, 조베르티 거리Via Gioberti, 4r
클렛 아브라함Clet Abraham(작업실), 올모 거리Via dell'Olmo, 8
수제 칼 가게Coltelleria Artigianale, 아레티나 거리Via Aretina, 105r – 치옴피 광장
Piazza dei Ciompi, 7
돈니니 칼 가게Coltelleria Donnini, 빈첸초 조베르티 거리Via Vincenzo Gioberti, 90r
코리노 카펠리Corino Capelli(이미용), 부팔리니 거리Via Bufalini, 1
코세코시CoseCosì(선물용품), 보르고 라 크로체Borgo la Croce, 23
엠포리오 리사 코르티Emporio Lisa Corti, 기베르티 광장Piazza Ghiberti, 33r
산탐브로조 약국Farmacia Sant'Ambrogio, 피에트라피아나 거리Via Pietrapiana, 2
필리스트루키 이용원Filistrucchi parrucche, 베르디 거리Via Verdi, 9
리가치 형제들Fratelli Rigacci(미술용품), 세르비 거리Via dei Servi, 71
G&E 뮤직랩G&E Music Lab, 첸토스텔레 거리Via delle Centostelle, 22r
잔카를로 자케티Giancarlo Giachetti(미술 작업실), 토스카넬라 거리Via Toscanella, 5r
라스트루치 모자이크I mosaici di Lastrucci, 마치 거리Via dei Macci, 9
자뎅 다이버즈Jardin Divers(꽃), 치마부에 거리Via Cimabue, 61
프랑스 서점Libreria Francese, 온니산티 광장Piazza Ognissanti, 1r
살림베니 서점Libreria Salimbeni, 마테오 팔미에리 거리Via Matteo Palmieri, 14–16r
토도 모도 서점Libreria Todo Modo, 포시 거리Via dei Fossi, 15r
로렌초 빌로레시 아틀리에Lorenzo Villoresi Atelier, 데 바르디 거리Via de'Bardi, 14
바티스티 체사레 거리Via Battisti Cesare, 11, 세스토 피오렌티노Sesto Fiorentino (피렌체)
미시즈 메이시스Mrs Macis(부티크), 보르고 핀티Borgo Pinti, 38
산타 마리아 노벨라 향수–약품 공장Officina Profumo-Farmaceutica di Santa Maria
Novella, 스칼라 거리Via della Scala, 16
페시 케 볼라노Pesci Che Volano(부티크), 보르고 핀티Borgo Pinti, 27r
퀠레 트레Quelle Tre(부티크), 산토 스피리토 거리Via di Santo Spirito, 42
소치에테 아노님Societé Anonyme(컨셉 의상점), 니콜리니 거리Via Niccolini, 3F
레 콜론네 미술 작업실Studio D'arte Le Colonne(멜로 재단), 보르고 핀티Borgo Pinti,
22–24
텔라 린테아Tela Lintea(직물), 보르고 온니산티Borgo Ognissanti, 54r

휴식을 취할 만한 장소

치르콜로 데이 카노티에리Circolo dei Canottieri, 룽가르노 안나 마리아 데 메디치 Lungarno Anna Maria Luisa de' Medici, 8

벨베데레 요새Forte Belvedere, 산레오나르도 거리Via di San Leonardo, 1

다첼리오 정원Giardini D'Azeglio, 다첼리오 광장Piazza D'Azeglio

아이리스 정원Giardino dell'Iris, 미켈란젤로 광장Piazzale Michelangelo, 동쪽 발코니 (모퉁이에 콜리 거리가 있음)

오르티 오리첼라리 정원Giardino degli Orti Oricellari, 베르나르도 루첼라이 거리 Via Bernardo Rucellai, 6

오르티콜투라 정원Giardino dell'Orticoltura, 비토리오 에마누엘레 II 거리 Via Vittorio Emanuele II, 17

장미 정원Giardino delle Rose, 주세페 포지 거리Viale Giuseppe Poggi, 2

스쿠데리에 레알리 정원Giardino delle Scuderie Reali, 마키아벨리 거리 Viale Machiavelli, 24

보볼리 정원Giardino di Boboli, 피티 광장Piazza Pitti, 1

보르고 알레그리 정원Giardino di Borgo Allegri, 보르고 알레그리Borgo Allegri

식물원Orto Botanico – 셈플리치 정원Giardino dei Semplici, 피에르 안토니오 미켈리 거리Via Pier Antonio Micheli, 3

카시네 공원Parco delle Cascine

레나이 공원Parco dei Renai, 시냐Signa (피렌체)

벤탈리오 저택Villa Il Ventaglio, 알디니 거리Via Aldini, 12

수영을 할 수 있는 곳

알토 피우메 카스텔리나Alto Fiume Castellina, 카스텔리나 인 키안티 Castellina in Chianti (시에나)

가타이아Gattaia, 비키오Vicchio (피렌체)

산테르노와 디아테르나 강Fiumi Santerno e Diaterna, 피렌추올라Firenzuola (피렌체)

삼브레 강Fiume Sambre, 세티냐노Settignano (피렌체)

코스톨리 수영장Piscina Costoli, 말타 거리Viale Malta, 4

* 이 책에 기재된 장소 및 지역에 관한 자료와 정보는 2015년 3월에 확인된 것입니다.

찾아보기

장소

인명

레시피

감사를 전하는 글

이 책을 만드는 데 큰 도움을 준 스텔라 루돌프, 제임스 오마라, 줄리오 피키에 대한 한결 같은 애정은 일단 건너뛰고, 출판사의 모든 관계자 여러분께 먼저 감사 드리고 싶습니다. 두 번째로는 내 소중한 협력자 파브리치오 란고네에게, 그다음으로는 이탈리아 음식을 세계에 가장 많이 알린, 그 무엇과도 바꿀 수 없는 친구 페이스 윌린저에게 감사 드립니다.

더불어 제게 도움을 준 모든 친구들에게 진심 어린 감사 인사를 전하고 싶습니다. 특히 늦게 도착해서 책을 편집할 때 넣지는 못했지만, 피렌체에 대한 각자의 생각과 감정을 표현해 준 분들, 감사합니다. 개정판을 출간할 때 이 의견을 모두 모아 넣어 더 풍성한 책으로 만들겠습니다. 물론 그때 수정하거나 추가하고 싶은 부분이 있다면 반영하겠습니다. 또한 부족한 부분을 채워 넣거나 오류를 바로잡을 수 있는 소중한 기회가 될 것이므로, 앞으로 이 책에 대한 비평과 제안을 해 주실 모든 분들께도 미리 감사하다는 말씀을 드립니다.

마지막으로 피렌체에게, 그리고 피렌체에 살았던, 살고 있는, 살게 될 사람들에게도 감사의 인사를 전합니다. 하루를 살든 평생을 살든 피렌체에서 지내는 동안 '지금'을 즐겁게 산다는 것은 쉬울 뿐만 아니라 피렌체만의 자유로움의 극치를 느낄 수 있는 방법이기도 합니다. 독자 여러분 모두에게 깊은 포옹과 입맞춤을 보냅니다.

파비오 피키